Seelen

SCHMEICHELEI

CONNY WAGNER

Seelen SCHMEICHELEI

KOCHEN. GENIEßEN. GLÜCKLICH SEIN.

Hölker Verlag

Inhalt

Wie schmeckt Essen, das der Seele guttut?

Kochen, genießen, glücklich sein: In diesem Buch geht es um wunderbare Sachen, die Gaumen, Auge und Herz glücklich machen. Um die Freude am Genuss. Und um Essen, das der Seele guttut. Auf den folgenden Seiten habe ich Rezepte für jede Stimmungslage zusammengestellt. Na ja, für fast jede. Mal unkompliziert, mal etwas aufwendiger. Mal mit Fleisch, mal ohne. Mal herzhaft, mal süß. Immer mit dem gewissen Twist. Oft mit überraschenden Geschmackskombinationen. Und nie 08/15.

Iss dich glücklich mit leckeren, unkomplizierten Gerichten, die so bunt sind wie das Leben selbst. Essbare Seelentröster vom Schokoladen-Malheur bis zum Gin-Sorbet mit Tonic-Gurken warten im Kapitel „Trost“ auf dich. Rezepte, die nach Kindheit schmecken – von Fischstäbchen bis zum guten, alten Klatschbrötchen –, findest du im Kapitel „Geborgenheit“. Im Kapitel „Fernweh“ nehme ich dich mit auf eine kulinarische Reise von Island über Südafrika bis nach Vietnam. Als Beilage gibt es Reiseberichte aus meinen Lieblingsländern. „Gemeinsam genießen“ heißt es dann im Kapitel „Freundschaft“ – von Show-off-Gerichten bis zu Rezepten für alle, die lieber länger feiern, als lang in der Küche zu stehen. Und zu guter Letzt verlassen wir die kulinarische Komfortzone und wagen den Geschmacksnervenkitzel – ist dein Gaumen verrückt genug für das Kapitel „Mut“?

Bei aller ernsthaften Liebe zum Essen will dieses Buch eines dennoch nie: zu ernst genommen werden. Ich finde, Kochen sollte immer Freude machen und fröhlich stimmen. *Und das Schönste an der ganzen Kocherei ist doch einfach der Moment, wenn die Teller leer, die Mägen gefüllt und die Herzen voller Glück sind.* In den letzten Monaten haben die Menschen um mich herum ziemlich viele Teller leer gegessen. 54 Rezepte wollten erdacht, probiert und fotografiert werden. Und der schönste Moment des Tages war immer der, wenn von Freunden allabendlich Nachrichten wie „Was gibt´s heute? Ich hätte Zeit ... und Appetit.“ eintrafen. Ich bin übrigens weder ausgebildete Köchin noch Fotografin. Ich bin gelernte Werbetexterin.

Und gelernte Genießerin. Zum Kochen kam ich während meiner Studienzeit in Berlin, als ich feststellen musste, dass sich WG-Kühlschränke erstaunlicherweise nicht auf magische Weise von selbst füllen. Und dass Essen aus dem Pappkarton nicht mal annähernd mit Mamas frisch und mit Liebe gekochten Mahlzeiten mithalten kann. Und so lernte ich das Kochen vor allem deshalb, weil ich gut, frisch und ausgewogen essen wollte. *Beste Zutaten, Freude am Kochen und vor allem Freude am Genießen – das ist für mich das Rezept für Essen, das der Seele guttut.* Darüber schreibe ich seit vielen Jahren auf meinem Blog seelenschmeichelei.de – und darüber schreibe ich auf den folgenden Seiten.

Lass dich inspirieren und geh mit mir auf Genussreise. Ich wünsche dir von Herzen viel Freude beim Stöbern und Schwelgen, beim Blättern und Lesen, beim Nachkochen und Genießen. Viel Vergnügen mit der Seelenschmeichelei!

Cheers, Conny

Schokolade löst keine Probleme.
Aber das tut ein Apfel ja auch nicht.

Wer kennt sie nicht, die tröstliche Wirkung eines Stücks Schokolade? Und das schlechte Gewissen, das dann doch irgendwo tief in uns nagt, wenn aus dem einen Stück plötzlich eine ganze Tafel geworden ist? Was und wie wir essen hat großen Einfluss auf unser Denken, unser Fühlen und unser ganzes Wohlbefinden.

Essen ist nämlich eine erstaunlich emotionale Angelegenheit. Denn es ist so viel mehr als reine Nahrungsaufnahme. Essen kann uns glücklich machen und die Seele streicheln. Es kann unseren Magen und auch unser Herz wärmen. Denn Essen versorgt nicht nur unseren Körper mit Nährstoffen, sondern auch unser Gemüt.

Und obwohl Essen in meinen Augen Genuss sein sollte, bedeutet es heute oftmals eines: Verzicht. Wir verzichten auf Zucker, auf Weißmehl, auf Fleisch, auf Getreide, auf Alkohol, auf Fett. Ohne, ohne, ohne im Überfluss. Dabei hat sich das, was früher „Diät" hieß, heute schlichtweg als „Ernährungskonzept" getarnt. Es geht nicht mehr ums Abnehmen, sondern um das, was scheinbar gut ist für unsere Gesundheit. „Gesund und fit" ist das neue „dünn". Bedeutet aber in der Konsequenz doch wieder Verzicht. Und ist in meinen Augen übrigens noch viel perfider in der Botschaft. Suggeriert es doch: Verzichtest du nicht auf Zucker/Weißmehl/Fleisch/Getreide oder was auch immer, setzt du deine Gesundheit aufs Spiel. Bähm. Das sitzt.

Wieso aber reden wir so viel über Verzicht und so wenig über Geschmack? Oder – steile These, das gebe ich zu: *Wie viel Spaß am Leben kann ich haben, wenn ich mich spaßfrei ernähre?* Kann das richtige Essen der Seele guttun? Und wenn ja: Wie sieht es dann aus, dieses „richtige Essen"?

Ich finde ja, jedes Essen, das man bewusst und mit Freude genießt, tut der Seele gut. Genuss tut der Seele gut! Ich finde aber auch: Es ist natürlich kein Genuss, sich kopflos Junkfood, Fett- und Zuckerbomben in den Mund zu schaufeln. Ebenso wenig, wie gedankenlos nebenbei zu essen, mit dem Laptop auf den Knien oder dem Blick zum Fernseher. Verarbeitete Lebensmittel zu sich zu nehmen, die voller unnötiger Zusatzstoffe stecken. Oder Eiscreme zu essen, die selbst bei 28 °C ihre Form behält.

Im Gegensatz dazu ist es aber auch ganz und gar nicht genussvoll, sich 24 Stunden am Tag mit der richtigen Ernährung zu beschäftigen. Es ist für mich kein Genuss, hochgradig industriell hergestellte Fleischersatzprodukte zu essen, deren Zutatenliste ich noch nicht einmal aussprechen, geschweige denn verstehen kann. Lieber den grünen Smoothie im stillen Kämmerlein zu trinken, als sich mit der besten Freundin auf ein Glas Wein zu treffen. Oder sich aus lauter Angst vor Industriezucker in den Waffelteig vier überreife Bananen und eine Handvoll Datteln zu rühren, deren Fruchtzuckergehalt den des zugesetzten Haushaltszuckers in einem konventionellen Rezept womöglich weit übertrifft.

Ich plädiere also nicht so sehr für gesunde Ernährung. Sondern in erster Linie für mehr gesunden Menschenverstand bei der Ernährung. Und ich bin ganz entschieden für mehr Genuss! Denn ich finde, es ist ein großes Glück, genießen zu dürfen. Sich ganz bewusst für Lebensmittel entscheiden zu können, die gut für Körper und Seele sind. Es ist ein unglaublich großes Privileg, das wir hier in Deutschland haben. Einem Land, in dem die meisten von uns entscheiden können, ob wir Äpfel aus dem Alten Land oder aus Neuseeland kaufen wollen. Einem Land, in dem wir so sehr im Überfluss leben, dass Verzicht in den meisten Fällen eine freiwillige Entscheidung ist.

In diesem Buch geht es um Essen, das nicht nur satt, sondern auch glücklich macht. Hier gibt es Rezepte mit Fleisch und ohne. Rezepte mit Zucker und ohne. Rezepte mit guter Butter und ohne. Rezepte mit Kohlenhydraten und ohne. Kurz gesagt: *Rezepte ohne Dogma und philosophischen Überbau. Dafür mit viel Freude an guten Produkten, Liebe zum Kochen – und der Lust darauf, Neues zu probieren, Neues zu kombinieren und Neues zu erschmecken.*

In diesem Sinne: Lasst uns Schluss machen mit den vielen Ernährungsvorschriften und stattdessen mit ganz viel Freude genießen. Egal, ob es eine Weizengras-Smoothie-Bowl, eine Pasta Bolognese oder ein leckeres Eis ist.

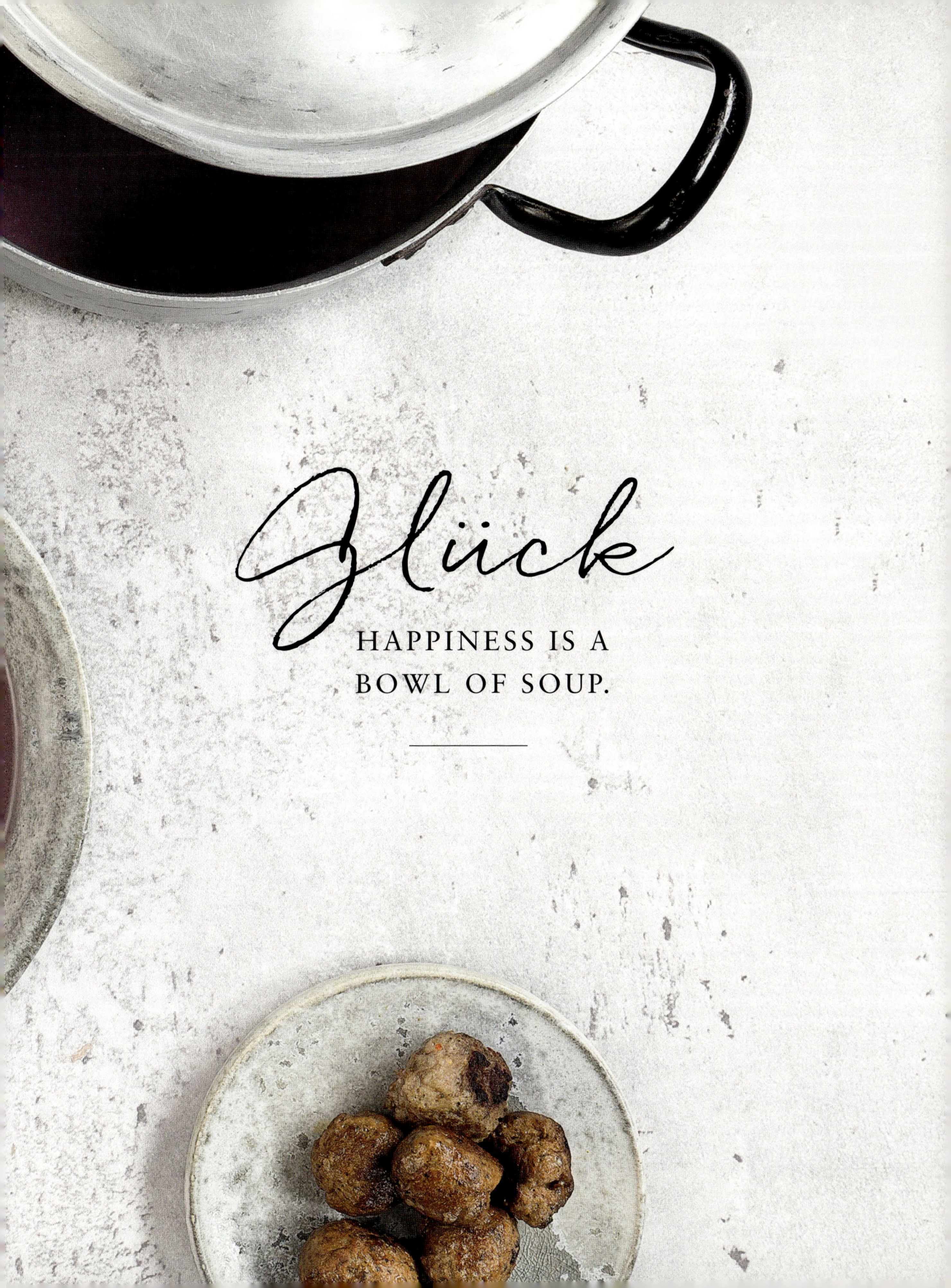

Glück

HAPPINESS IS A
BOWL OF SOUP.

Wie schmeckt Glück? Nach einer dampfenden Schüssel Suppe? Nach einem Teller Nudeln mit ganz viel Parmesan obendrauf? Nach einer bittersüßen Schokoladentarte? Für mich braucht es gar nicht viel, damit mich Essen glücklich macht. Es muss noch nicht einmal Schokolade sein. Wobei diese seidige Schokoladentarte von Seite 25 durchaus ein Stück zum Glück beitragen kann. Nicht dass wir uns da falsch verstehen.

Aber es gibt noch so viel mehr Lebensmittel, die uns glücklich machen können! Neben Pasta zum Beispiel auch Nüsse, Trockenfrüchte und Fisch. Zumindest wollen Wissenschaftler das herausgefunden haben. Ich finde, so ziemlich jedes Essen kann uns glücklich machen – wenn es aus guten Zutaten besteht. Mit einem klitzekleinen bisschen Liebe zubereitet wird. Und wenn es auch dem Auge schmeckt.

Denn buntes Essen macht gute Laune. Und gute Laune macht glücklich. Bringen wir also mehr Farbe auf den Teller!

Wie wäre es mit einem orangefarbenen Kürbis-Hummus? Oder einer Li-La-Launesuppe? Mit sonnig gelben Reismehl-Crêpes? Oder einem knallpinken Himbeerdressing zum Salat? Denn auch der kann glücklich machen. Versprochen!

GRÜNE PASTA

mit Spinat, Ricotta & Erbsen

Pasta macht glücklich. Pasta schmeckt gut. Und diese Pasta tut auch noch gut. Weil sie mit viel frischem Gemüse und cremigem Ricotta daherkommt. Weil sie ratzfatz gekocht ist. Und ihre Farbe einfach gute Laune macht. Ich verwende gerne Schafsricotta, er ist etwas würziger im Geschmack. Wenn du keinen Schafsricotta magst oder bekommst, kannst du die Pasta natürlich auch mit Ricotta aus Kuhmilch zubereiten.

ZUTATEN FÜR 4–6 PORTIONEN

400 g Spaghetti
200 g Erbsen (frisch oder TK)
300 g Babyspinat
300 g Schafsricotta (alternativ: Kuhmilchricotta)
Saft von ½ Zitrone, nach Belieben
1 TL Ahornsirup, nach Belieben
Meersalz
frisch gemahlener schwarzer Pfeffer
100 g Parmesan zum Bestreuen
Basilikumblätter, nach Belieben

Die Spaghetti in reichlich Salzwasser bei mittlerer Hitze al dente kochen. In der letzten Minute der Kochzeit die Erbsen zufügen.

Während die Pasta gart, den Spinat putzen und zusammen mit Ricotta und 5 EL des Nudelwassers pürieren. Nach Belieben mit Zitronensaft, Ahornsirup, etwas Salz und reichlich Pfeffer würzen. Die Konsistenz der Soße eventuell durch die Zugabe von weiterem Kochwasser regulieren – aber auf gar keinen Fall zu viel Flüssigkeit verwenden. Die Soße sollte cremig sein und die Nudeln schön umhüllen.

Pasta und Erbsen abgießen, zurück in den heißen Topf geben, mit der Soße vermischen und noch mal heiß werden lassen, dabei dickt die Soße noch weiter an. Den Parmesan mit einem Sparschäler in Späne hobeln.

Die Spaghetti auf vier Tellern anrichten und mit Parmesanspänen und Basilikum nach Belieben bestreut servieren.

Tipp: Um Spaghetti anzurichten, ist eine Fleischgabel hilfreich: Einfach die Nudeln mit der Gabel aufrollen und dieses Nudelnest dann auf den Teller schieben.

BLATTSALAT MIT HIMBEERDRESSING,

scharfen Nüssen & Ringelbete-Pickles

Mit Salat kann man mich ja ziemlich glücklich machen. Solange es kein geschmackloser Langweiler ist. Heute kommt er in knalligem Pink auf den Tisch: Zu den Blattsalaten gibt´s ein fruchtiges Himbeerdressing, scharf-würzige ofengeröstete Nüsse und schnelle Pickles aus Ringelbeten. Die sind das vielleicht hübscheste Gemüse, das je einen Salatteller getoppt hat. Ringelbete findest du auf dem Markt auch unter dem Namen „Tonda di Chioggia". Noch viel bezaubernder finde ich aber ihren englischen Namen: „Candy Cane Beet".

ZUTATEN FÜR 4 PORTIONEN

Für die Ringelbete-Pickles
250 g Ringelbete (alternativ: Rettich)
125 ml milder Essig, z. B. Apfelessig oder weißer Balsamico
1 Stück frischer Ingwer (2 cm), geschält und in dünnen Scheiben
1 EL Meersalz
1 EL Zucker

Für die ofengerösteten Nüsse
200 g gemischte ungesalzene Nüsse
1 TL Cayennepfeffer
3 TL Paprikapulver edelsüß
½ TL gemahlene Kurkuma
1 EL Meersalz
1 EL Honig
1 EL Zitronensaft

Für den Salat
200 g Himbeeren (frisch oder TK)
4 EL milder Essig, z. B. Apfelessig oder weißer Balsamico
4 EL Olivenöl
2 EL Ahornsirup
Meersalz, frisch gemahlener schwarzer Pfeffer
300 g gemischte Blattsalate
1 Handvoll frische Himbeeren zum Servieren

Außerdem
1 Weck- oder Schraubglas à 500 ml

Für die Pickles die Ringelbete schälen, in dünne Scheiben hobeln und in ein Glas geben. Die restlichen Zutaten mit 250 ml Wasser in einem Topf einmal aufkochen und den heißen Sud über die Bete gießen. Das Glas verschließen und bei Raumtemperatur vollständig abkühlen lassen.

Für die Nüsse den Backofen auf 180 °C (Umluft) vorheizen. Die Nüsse mit den Gewürzen mischen. Dann Honig und Zitronensaft unterrühren und alles gut vermengen. Auf einem Backblech verteilen und ca. 15 Minuten im vorgeheizten Ofen rösten, bis die Nüsse goldbraun sind. Abkühlen lassen und in Stücke brechen.

Für das Salatdressing Himbeeren, Essig, Olivenöl, 6 EL Wasser und Ahornsirup im Mixer fein pürieren und dann durch ein Sieb streichen. Mit Salz und Pfeffer abschmecken.

Den Salat putzen und auf vier Schüsseln verteilen. Mit dem Himbeerdressing beträufeln und mit Ringelbete-Pickles, Nüssen sowie frischen Himbeeren toppen. Alternativ das Dressing in einem separaten Schälchen reichen.

Tipp: Willst du die Pickles länger haltbar machen, dann unbedingt Glas und Deckel in kochendem Wasser sterilisieren. Die Schraubgläser anschließend kopfüber abkühlen lassen. Außerdem am besten Meersalz statt jodiertes Salz verwenden, denn Jod lässt das Gemüse schnell matschig werden. Der Essig sollte einen Säuregehalt von mindestens 5 % haben.

KURKUMA-CRÊPES

mit Linsencreme & Currygemüse

Wenn der Hamburger Sommer mal wieder Pause macht, kommt mir eine Portion Sonne auf dem Teller gerade recht. Kurkuma, auch Gelbwurz genannt, verleiht den Crêpes ihre fröhliche Farbe. In der ayurvedischen Medizin ist Kurkuma übrigens schon seit Jahrtausenden als Heilmittel bekannt und soll unter anderem gegen Entzündungen und Bauchweh helfen und die Fettverbrennung ankurbeln. Eigentlich ganz egal – denn gut fürs Gemüt sind diese sonnengelben Kurkuma-Crêpes mit Linsencreme und Currygemüse allemal.

ZUTATEN FÜR 4 PORTIONEN
(10–12 CRÊPES)

Für die Kurkuma-Crêpes
160 g Dinkelmehl
3 Eier
500 ml ungesüßte Mandelmilch
3 TL gemahlene Kurkuma
Meersalz
frisch gemahlener schwarzer Pfeffer
2 EL Ghee oder Butter

Für die Linsencreme
5 getrocknete Soft-Aprikosen
1 Zwiebel
1 EL Ghee oder Butter
75 g gelbe Linsen
1 TL gemahlene Kurkuma
½ TL Garam Masala
275 ml Gemüsefond
2 EL Tahini
Meersalz

Für das Currygemüse
1 gelbe Paprikaschote
1 gelbe Zucchini
2 gelbe Rüben
150 g Champignons
100 g Mais (Dose oder TK)
1 EL Ghee oder Butter
1 TL mildes Currypulver
Saft von ½ Zitrone
1 TL brauner Zucker
Meersalz
frisch gemahlener schwarzer Pfeffer

Für die Linsencreme die Aprikosen würfeln. Die Zwiebel schälen und fein würfeln. Das Ghee in einem Topf erhitzen und die Zwiebelwürfel darin anschwitzen. Linsen, Aprikosen, Kurkuma und Garam Masala zufügen, den Gemüsefond angießen und zugedeckt 20–25 Minuten kochen, bis die Linsen sehr weich sind. Alles fein pürieren, dann die Tahini unterrühren und mit Salz würzen.

Für die Crêpes den Backofen auf 80 °C vorheizen. Mehl, Eier, Mandelmilch und Kurkuma zu einem glatten Teig mixen oder rühren. Mit Salz und Pfeffer würzen. Den Teig 20 Minuten quellen lassen. Etwas Ghee in einer Pfanne erhitzen. Schöpflöffelweise Teig in die Pfanne geben, durch Schwenken gleichmäßig verteilen und 2 Minuten von jeder Seite braten. Bis zum Servieren im vorgeheizten Ofen bei 80 °C warm halten.

Für das Currygemüse Paprika, Zucchini und gelbe Rüben putzen und würfeln. Die Champignons putzen und je nach Größe vierteln oder achteln. Den Mais abgießen. Das Ghee in einer Pfanne erhitzen, Gemüse und Currypulver zugeben und unter Rühren 5 Minuten anbraten. Mit Zitronensaft, Zucker, Salz und Pfeffer würzen.

Zum Anrichten die Crêpes mit einem Klecks Linsencreme bestreichen und mit dem Currygemüse toppen.

Tipp: Die Linsencreme schmeckt auch lecker als Brotaufstrich.

KÜRBIS-HUMMUS

mit Vadouvan-Karotten & Feta

Hummus mal anders! Der cremige Kürbis-Hummus passt perfekt zu den Ofen-Karotten, die in einem Sud aus Orangensaft, Sojasoße, Honig und der indischen Gewürzmischung Vadouvan gegart werden. Dazu: würziger Feta und ein Schaum aus Buttermilch und Joghurt. Und Sesam. Letzterer enthält übrigens ziemlich viel Tryptophan, eine essenzielle Aminosäure, die im Körper in das „Glückshormon" Serotonin umgewandelt wird. Was will man mehr?

Den Backofen auf 175 °C (Umluft) vorheizen.

Für den Hummus den Kürbis grob würfeln. In eine ofenfeste Form geben und in den vorgeheizten Ofen schieben. Ca. 30 Minuten backen, bis der Kürbis schön weich ist, anschließend etwas abkühlen lassen. Die Kürbiswürfel mit den restlichen Zutaten pürieren und mit Zitronensaft und Salz abschmecken.

Für die Vadouvan-Karotten den Orangensaft mit dem Vadouvan in einem kleinen Topf erhitzen und 10 Minuten bei geringer Hitze ziehen (aber nicht kochen!) lassen. Den aromatisierten Saft anschließend durch ein feines Sieb abgießen und mit Sojasoße und Honig zurück in den Topf geben. Erhitzen, bis sich der Honig gelöst hat. Die Karotten schälen, in die ofenfeste Form geben und mit dem Sud übergießen. Im vorgeheizten Ofen 25–30 Minuten – je nach Größe – garen. Dabei immer wieder wenden und mit dem Sud übergießen.

Für den Joghurt-Schaum Joghurt und Buttermilch mit einer Prise Salz mischen und mit dem Pürierstab mixen, bis an der Oberfläche ein feiner Schaum entsteht. Den Feta zerkrümeln. Den Sesam in einer Pfanne ohne Fett rösten, bis er duftet.

Zum Anrichten einen Klecks Hummus auf einen Teller setzen, darauf die Ofen-Karotten platzieren. Feta und Sesam darüberstreuen. Mit dem Joghurtschaum und etwas vom Garsud beträufeln.

Tipp: Vadouvan ist eine fermentierte indische Gewürzmischung, die aus Zwiebeln, Knoblauch, Curryblättern, Bockshornklee, Kurkuma und anderen Gewürzen besteht. Vadouvan bestellst du am besten online. Wenn dir das zu aufwendig ist – gar kein Problem: Du kannst den Garsud für die Ofenkarotten auch mit Garam Masala würzen. Oder mit Kreuzkümmel. Oder du lässt sie einfach pur.

ZUTATEN FÜR 4 PORTIONEN

Für den Kürbis-Hummus
300 g Hokkaido-Kürbis, gewaschen und entkernt
1 Dose Kichererbsen (à 400 g)
60 ml Kichererbsenwasser
60 g Tahini
30 ml Olivenöl
½ TL gemahlener Kreuzkümmel
1 TL Ahornsirup
Saft von 1 Zitrone
Meersalz

Für die Vadouvan-Karotten
150 ml Orangensaft, frisch gepresst
1 gehäufter TL Vadouvan (siehe Tipp)
25 ml Sojasoße
50 g Honig
800 g Karotten

Für den Joghurt-Schaum
125 ml Ziegenjoghurt (alternativ: Naturjoghurt aus Kuhmilch)
125 ml Buttermilch
1 Prise Meersalz

Außerdem
100 g Feta
3 EL Sesamsamen

SCHOKOLADEN-SEIDENTOFU-TARTE

mit Fleur de Sel

Schokolade macht glücklich, das ist ja quasi ein alter Hut. Ich muss allerdings gestehen, dass mich Tofu lange nicht besonders glücklich gemacht hat. Bis ich Seidentofu entdeckt habe! Er wird im Gegensatz zu normalem Tofu nicht gepresst und ist daher seidig fein und zartschmelzend. Mit seiner fast schon cremigen Textur eignet er sich perfekt für Desserts und Süßspeisen – wie diese Schokoladentarte. Die kommt übrigens ganz ohne Weizenmehl und raffinierten Zucker aus. Und macht damit vielleicht sogar dein Gewissen glücklich.

ZUTATEN FÜR EINE TARTE (26 CM DURCHMESSER)

Für den Teig
230 g Dinkelmehl
20 g Backkakao, plus etwas mehr zum Verarbeiten
125 g kalte Butter, in Würfeln
4 EL eiskaltes Wasser
2 EL Ahornsirup
1 Prise Meersalz

Für die Füllung
300 g Zartbitterschokolade (mind. 70 % Kakaoanteil)
400 g Seidentofu
100 ml Ahornsirup
Fleur de Sel

Außerdem
Hülsenfrüchte zum Blindbacken

Alle Zutaten für den Teig rasch verkneten, zu einer Kugel formen und etwas flach drücken. In Frischhaltefolie wickeln und mindestens 30 Minuten im Kühlschrank ruhen lassen.

Den Backofen auf 175 °C (Umluft) vorheizen.

Den Teig auf der mit Kakaopulver bestäubten Arbeitsfläche dünn ausrollen, in eine runde Tarteform mit Hebeboden legen, an Boden und Seiten andrücken und den überstehenden Rand mit einem scharfen Messer abschneiden. Den Teig mit einem Bogen Backpapier und Hülsenfrüchten belegen und 20 Minuten im vorgeheizten Ofen blindbacken. Anschließend Backpapier und Hülsenfrüchte entfernen und den Tarteboden auskühlen lassen.

Für die Füllung die Schokolade hacken und über einem Wasserbad schmelzen. Den Seidentofu abtropfen lassen und im Mixer glatt pürieren. Mit geschmolzener Schokolade und Ahornsirup verrühren.

Die Schokoladenfüllung auf dem Boden verteilen, mit Fleur de Sel bestreuen und im Kühlschrank mindestens 4 Stunden fest werden lassen.

Tipp: Statt Fleur de Sel kannst du die Tarte auch mit frischen Beeren, Feigen, Sauerkirschen oder Orangenfilets toppen. Oder du streust eine Handvoll Pekannüsse darüber.

ROTE-BETE-GRAUPEN-RISOTTO

mit Rote-Bete-Chips

Es ist noch gar nicht lange her, da hat mich Rote Bete noch alles andere als glücklich gemacht. Aber weil ich sie schon immer so hübsch fand, wollte ich sie irgendwann auch lecker finden. Mission accomplished, würde ich mal sagen. Allen, die die rote Knolle so sehr lieben wie ich, lege ich dieses cremige Graupen-Risotto mit Balsamico-Rote-Bete und knusprigen Rote-Bete-Chips ans Herz.

ZUTATEN FÜR 4 PORTIONEN

2 Rote Beten
1 EL Olivenöl
Cayennepfeffer
Meersalz
60 ml Aceto Balsamico di Modena
80 g Johannisbeergelee
800 ml Gemüsefond
200 ml Rote-Bete-Saft
1 Zwiebel
1 EL Butter
250 g Perlgraupen
75 ml trockener Weißwein
75 g Pecorino, gerieben
frisch gemahlener schwarzer Pfeffer

Außerdem
Kugelausstecher
(1 cm Durchmesser)

Den Backofen auf 130 °C (Umluft) vorheizen. Die Rote Bete schälen, dazu am besten Einmalhandschuhe tragen, denn sie färbt stark ab. Eine Knolle in dünne Scheiben hobeln. Mit Olivenöl, einer Prise Cayennepfeffer und etwas Salz in einer Schüssel mischen. Auf einem mit Backpapier ausgelegten Backblech verteilen, die Scheiben sollten sich nicht überlappen. Ca. 40 Minuten im vorgeheizten Ofen backen. Zwischendurch ein paar Mal die Ofentür öffnen, damit der Dampf entweichen kann. Die Rote-Bete-Chips nach der Hälfte der Backzeit wenden.

Aus der zweiten Knolle mit dem Ausstecher Kugeln ausstechen. Wenn du keinen kleinen Kugelausstecher hast, die Rote Bete einfach in 1 cm große Würfel schneiden. Balsamico und Johannisbeergelee in einem kleinen Topf aufkochen. Die Rote-Bete-Kugeln zugeben und bei geringer Hitze ca. 15 Minuten köcheln lassen – sie sollten noch Biss haben.

Den Gemüsefond mit dem Rote-Bete-Saft aufkochen und heiß halten.

Die Zwiebel schälen und fein hacken. Die Butter in einem Topf zerlassen und die Zwiebelwürfel 3 Minuten darin anschwitzen. Die Perlgraupen zugeben und kurz mitdünsten. Mit dem Weißwein ablöschen und verkochen lassen.

Jetzt kommt der meditative Teil: Eine Schöpfkelle heißen Fond angießen und ständig rühren, bis die Gerste die Flüssigkeit fast aufgesogen hat. Dann die nächste Schöpfkelle Fond angießen und weiterrühren. Den Vorgang wiederholen, bis die Perlgraupen al dente sind, das dauert insgesamt ca. 25 Minuten.
Am Ende der Garzeit den Topf mit dem Risotto vom Herd nehmen und den Pecorino unterrühren. Mit wenig Salz und schwarzem Pfeffer abschmecken.

Zum Anrichten den Graupen-Risotto halbmondförmig auf einen Teller setzen. Die Rote-Bete-Kugeln darauf verteilen und einige Rote-Bete-Chips hineinstecken.

LI-LA-LAUNESUPPE

Kartoffelsuppe und Würstchen mal anders! Für die umwerfende Farbe sorgt der Saft von Rotkohl – oder wie man bei uns in Franken sagt: Blaukraut. Übrigens: Säurehaltige Zutaten wie Zitrone oder Apfel sorgen dafür, dass der Kohl rötlich wird, süße Zutaten lassen seine Farbe ins Blauviolette gehen. Zur lilafarbenen Gemüsesuppe aus Kartoffeln, Blumenkohl und Blaukrautsaft gibt es Bällchen aus scharf-würzigen Lammwürstchen, den Merguez. Du kannst aber auch jede andere Bratwurst nehmen, die du gerne magst.

ZUTATEN FÜR 4 PORTIONEN

Für die Suppe
500 g Rotkohl
400 g Kartoffeln
400 g Blumenkohl (Röschen und Strunk)
1 Zwiebel
2 Knoblauchzehen
1 EL Olivenöl
300 ml Milch
250 ml Gemüsefond
Meersalz
frisch gemahlener schwarzer Pfeffer
½ TL Cayennepfeffer
Saft und Abrieb von 1 Bio-Zitrone
1–2 TL Ahornsirup

Für die Merguez-Bällchen
2 Merguez oder andere Bratwürste, nach Belieben

Für das Topping
150 g Schmand
2–3 EL Milch
1 EL Purple-Curry-Pulver, plus etwas zum Bestreuen

Außerdem
Lila Shiso-Kresse, nach Belieben

Den Rotkohl entsaften. Alternativ fertigen Rotkohlsaft kaufen. 250 ml Saft abmessen. Die Kartoffeln schälen und würfeln. Den Blumenkohl waschen und grob hacken. Zwiebel und Knoblauch schälen und fein würfeln.

Das Öl in einem Topf erhitzen und Zwiebeln und Knoblauch darin anschwitzen, ohne dass sie Farbe nehmen. Kartoffeln und Blumenkohl zufügen und kurz mitdünsten. Dann mit Rotkohlsaft, Milch und Gemüsefond aufgießen, mit Salz, schwarzem Pfeffer und Cayennepfeffer würzen. Mit Deckel ca. 30 Minuten köcheln lassen, bis das Gemüse sehr weich ist.
In der Zwischenzeit die Merguez-Bällchen zubereiten: Dazu das Brät aus der Wurstpelle drücken, zu Bällchen formen und in einer beschichteten Pfanne ohne Fett goldbraun braten.

Für das Topping Schmand, Milch und Purple-Curry-Pulver verrühren.

Die Suppe mit dem Pürierstab oder im Mixer pürieren. Mit Zitronensaft und -abrieb, Ahornsirup sowie Salz und Pfeffer abschmecken.

Die Merguez-Bällchen auf vier Schalen verteilen, die heiße Suppe aufgießen und mit dem Schmand und nach Belieben Shiso-Kresse und etwas Purple-Curry-Pulver toppen.

Tipp: Purple Curry ist eine milde, fein-säuerliche Gewürzmischung, der Hibiskus die unglaubliche Farbe verleiht. Außerdem sind unter anderem Bockshornklee, Koriander, Senfsaat, Ingwer, Zimtblüten und Kreuzkümmel enthalten. Du bekommst Purple-Curry-Pulver online bei verschiedenen Anbietern.

CEVICHE VOM SAIBLING

mit Pink Grapefruit & Ingwer

Das perfekte Essen für einen lauen Sommerabend: Fangfrischer Saibling wird in einer Mischung aus Grapefruit- und Limettensaft kalt „gegart", sprich: seine Eiweiße von der Säure denaturiert. Der Sushi-Ingwer ist natürlich nicht peruanisch, sondern japanisch – und damit könnte man diese Ceviche fast schon als Nikkei Style bezeichnen. Nikkei Cuisine, das ist die wunderbare Verbindung von japanischer Küche und peruanischen Einflüssen. Sie entstammt den Küchen japanischer Einwanderer in Südamerika.

ZUTATEN FÜR 4 PORTIONEN

500 g Saibling in Sashimi-Qualität, ohne Haut
1 Schalotte
Meersalz
Zucker
2 Pink Grapefruits
2 Limetten
2 EL Gari (eingelegter Sushi-Ingwer), plus 4 EL Lake vom Ingwer
1 rote Chilischote
2 EL Olivenöl

Den Saibling in ca. 1 cm große Würfel schneiden.

Die Schalotte schälen und in sehr feine Ringe schneiden. Mit je einer Prise Salz und Zucker mischen und 5 Minuten ziehen lassen.

Die Schale der Grapefruits mit einem scharfen Messer abschneiden, dabei die weiße Außenhaut gleich mit entfernen. Dann das Fruchtfleisch filetieren, den austretenden Saft dabei in einer Schüssel auffangen. Die Filets halbieren. Die Limetten auspressen und ihren Saft mit 4 EL Grapefruitsaft und der Lake des Sushi-Ingwers mischen. Die Marinade mit Salz und Zucker abschmecken.

Saiblingswürfel und Schalottenringe in die Marinade geben und 30 Minuten abgedeckt ziehen lassen. Ab und zu umrühren.

Die Chili halbieren, entkernen und in feine Ringe schneiden.

Zum Anrichten Ceviche, Grapefruitfilets und Gari auf einen Teller setzen. Mit den Chiliringen toppen und mit etwas Olivenöl beträufeln.

Tipp: Statt mit Saibling kannst du die Ceviche auch mit Lachs zubereiten. Klassisch peruanisch wäre ein fester Weißfisch, z. B. Kabeljau oder Schwertfisch. Wichtig ist auf jeden Fall, dass der Fisch Sashimi-Qualität hat.

GRÜNE GAZPACHO

mit Sauerampfer-Apfel-Sorbet

Kennst du dieses Glücksgefühl, wenn im Frühjahr das erste zarte Grün sprießt und die Sonne deine Nase kitzelt? Mit ihrer knalligen Farbe schreit diese Gazpacho ganz laut: Frühling! Das ist auch die Saison, in der du auf den Märkten wieder Sauerampfer bekommst. Seine feine Säure passt perfekt zum Sorbet vom grünen Apfel. Sorbet in der Suppe? Echt jetzt? Echt jetzt!

ZUTATEN FÜR 4-6 PORTIONEN

Für das Sorbet
2 Granny-Smith-Äpfel
Saft von 1 Limette
1 Bund Sauerampfer, gewaschen und trocken geschleudert
80 g Zucker
1 EL Eiweiß

Für die Gazpacho
1 Salatgurke
½ gelbe Paprikaschote
1 grüne Chilischote
1 Granny-Smith-Apfel
1 Avocado
100 g Babyspinat
10 g Basilikum
100 ml Apfelsaft
30 ml Olivenöl
15 ml Weißweinessig
Saft von 1 Limette
Meersalz
Cayennepfeffer

Außerdem
Garten- oder Shiso-Kresse
Chiliringe, nach Belieben

Für das Sorbet die Äpfel vierteln, entkernen, würfeln und mit dem Limettensaft mischen. Die Blätter des Sauerampfers grob hacken.

Zucker und 100 ml Wasser aufkochen, bis sich der Zucker gelöst hat. Den so entstandenen Läuterzucker zusammen mit Apfelwürfeln und Sauerampfer im Mixer pürieren und das Eiweiß unterrühren. Wer mag, streicht die Masse zusätzlich durch ein Sieb. In der Eismaschine nach Anweisung gefrieren lassen.

Für die Gazpacho die Gurke schälen, dann mit dem Sparschäler 12 dünne Streifen abschälen und diese beiseitestellen. Paprika und Chili putzen und von Samen und Scheidewänden befreien. Den Apfel waschen und entkernen, die Avocado halbieren, entkernen und das Fruchtfleisch mit einem Löffel herausschaben. Spinat und Basilikum waschen und trocken tupfen.
Restliche Gurke, Paprika, Chili, Apfel und Avocado grob würfeln. Zusammen mit Spinat, Basilikum, Apfelsaft, Olivenöl, Weißweinessig und 200 ml Wasser in einen Mixer geben, auf höchster Stufe fein pürieren und mit Limettensaft, Salz und Cayennepfeffer abschmecken. Bis zum Servieren kalt stellen.

Zum Anrichten die Gurkenstreifen halbieren, aufrollen und auf Schüsseln verteilen. Eine Nocke Sorbet dazwischen platzieren. Mit der Gazpacho aufgießen, mit Kresse und nach Belieben einigen Chiliringen dekorieren und sofort servieren.

Tipp: Das Sorbet kannst du gut einige Tage im Voraus vorbereiten. Sobald es aus der Eismaschine kommt, zu Nocken oder Kugeln formen und diese tiefkühlen. Vor dem Anrichten die Nocken 10 Minuten antauen lassen.

Life doesn't have
to be perfect
to be wonderful.

Vom ständigen Drang, sich selbst zu optimieren

„Ja, das ist schon ganz okay ..." So oder so ähnlich sieht ein Lob meiner inneren Stimme aus. Verbunden mit einem piksenden: „Aber da geht doch noch was!" Eine wohldosierte Portion Unzufriedenheit ist mein ständiger Begleiter. Und damit bin ich nicht allein. Egal, welches Magazin ich aufschlage, in welche Sendung ich reinzappe, welche Websites ich ansurfe – überall wird wohlmeinende Optimierungshilfe geboten. Wenn du dich nur richtig anstrengst, so wird dir vermittelt, dann kannst du alles optimieren. Deinen Schokoladenkuchen. Deinen Hintern. Deine Kinder. Dein Selbstbewusstsein. Deine Cellulite sowieso. Mit Geduld. Mit Training. Oder gleich mit Skalpell-Gewalt.

Nichts gegen lebenslanges Lernen – aber warum versuchen wir eigentlich ständig, eine bessere, klügere, hübschere, schlankere Version unseres Selbst zu werden? Warum richten wir unsere Energie so oft auf das, was sein könnte? Und so selten auf das, was ist?

Wir legen unsere Perfektionslatten so hoch, dass wir erhobenen Hauptes darunter durchlaufen können. Auf High Heels. Gut ist uns nie gut genug. Und noch nicht einmal „besser" ist das, was wir wollen. Wir sind mit nichts weniger als dem Optimum zufrieden. Dem Superlativ. Dem, was nicht mehr zu toppen ist.

Ich finde, wir täten gut daran, ein bisschen netter zu uns selbst zu sein. Weil wir uns nämlich durchaus anstrengen. Es kommt doch eigentlich überhaupt nicht darauf an, immer und überall die Beste zu sein. Es geht einfach nur darum, das Beste zu geben, das wir gerade zu geben haben. Das ist ein himmelweiter Unterschied. Und wenn dann die Oberarme nicht perfekt straff, das Soufflé nicht perfekt fluffig, die Wohnung nicht perfekt gestylt und die Karriere nicht perfekt geradlinig ist, dann ist das kein Drama. Sondern schlicht und einfach das wahre Leben. Und das muss gar nicht immer perfekt sein, um wunderbar zu sein.

Das Rezept für diesen Schokoladen-Gugelhupf
findest du auf meinem Blog: www.seelenschmeichelei.de

Trost

ALL YOU NEED IS LOVE.

And a little piece of chocolate cake.

Es gibt diese Tage, die möchte man am liebsten in die Tonne kloppen, noch bevor sie so richtig begonnen haben. Mit dem falschen Bein aufgestanden, mit dem anderen in den nächstbesten Fettnapf getrampelt, du kennst das bestimmt.

Wenn sich die Welt, die Menschen und die Ampeln um dich herum wieder einmal auf höchst unerquickliche Art gegen dich verschworen haben, dann kommen sie genau richtig: meine essbaren Seelentröster.

Gerichte, die die Seele streicheln, wenn es sonst gerade keiner tut. Fluffige Pfannkuchen, halbflüssige Schokoladenküchlein und wärmende Suppen sind ein echtes Trostpflaster fürs Gemüt. Und machen ganz schnell wieder gute Laune. Die wichtigste Regel fürs Trostessen lautet übrigens: bloß nie an guter Butter, Sahne, Käse oder Schokolade sparen!

Und wenn das alles nicht hilft, dann legen wir eben noch einen drauf: und zwar ein Gin-Sorbet mit Tonic-Gurken. Denn wie heißt es doch so schön? Kopf hoch, das bekommen wir schon wieder Gin!

SCHOKOLADEN-MALHEUR

mit Erdnussbutter

Wenn mal wieder ein Malheur zum anderen kommt, dann ist es höchste Zeit für eines aus Schokolade. Das Tolle an den kleinen, halbflüssigen Schokoküchlein: Sie können prima eingefroren werden und bei Bedarf einfach in den Ofen wandern. Gerade mal 15 Minuten später hebt sich dann jede noch so schlechte Stimmung, wenn der Teig schokoladig aus dem Küchlein fließt. Ein Klecks Crème double dazu – und alles ist wieder gut.

ZUTATEN FÜR 9 GRÖSSERE ODER 12 KLEINE KÜCHLEIN

300 g dunkle Schokolade (mind. 70 % Kakaoanteil)
300 g Butter, plus etwas für die Form
150 g Zucker
6 Eier
60 g Mehl
½ TL Meersalz
12 TL Erdnussbutter

Den Backofen auf 180 °C (Umluft) vorheizen.

Schokolade und Butter in einer Schüssel über einem Wasserbad schmelzen, anschließend abkühlen lassen. Dann Zucker und Eier in einer großen Schüssel mit einem Schneebesen verrühren, bis sich der Zucker aufgelöst hat. Die Schokoladenbutter zur Zucker-Ei-Masse geben und vermengen. Das Mehl darübersieben und vorsichtig mit einem Holzlöffel unterrühren.

Eine Muffinform (9 oder 12 Mulden) mit Butter fetten. Jede Muffinmulde zur Hälfte mit Teig füllen, dann – je nach Größe der Muffinform – 1–2 TL Erdnussbutter daraufsetzen und mit dem restlichen Teig bedecken. Anschließend 16–20 Minuten im vorgeheizten Ofen backen. Wenn sie in der Mitte noch leicht wabbelig aussehen, sind sie fertig. Vorsichtig aus der Form lösen und warm servieren.

Tipp: Die Schokoladen-Malheurs am besten vorbereiten, einfrieren und dann gefroren in den Ofen schieben. So bleibt der Kern garantiert schön flüssig!

DINKEL DUTCH BABY

mit Rahmpilzen

Wenn man mal ein Trostpflaster für die Seele braucht, kommt ein Pfannkuchen gerade recht. Dieser wird im Ofen gebacken und nennt sich „Dutch Baby". Man sagt übrigens, das „Dutch" sei eine Verballhornung des Wortes „Deutsch". Keine Ahnung, ob das stimmt. Was ich aber sicher weiß: Lieber schnell ein Dutch Baby mit Rahmpilzen verputzen, als lange mit Kummer und Sorgen schwanger gehen.

ZUTATEN FÜR 1 DUTCH BABY

Für den Pfannkuchen
20 g Butter
10 g getrocknete Steinpilze
75 g Dinkelmehl
1 Prise Meersalz
3 Eier
160 ml Milch

Für die Rahmpilze
250 g gemischte Pilze, z. B. braune Champignons, Kräuterseitlinge und Shiitake
1 Schalotte
1 Knoblauchzehe
1 Thymianzweig
10 g Butter
75 ml Sahne
1 Spritzer Zitronensaft
Meersalz
frisch gemahlener schwarzer Pfeffer

Außerdem
1 EL Crème fraîche
2 EL Schnittlauch, gehackt

Den Backofen auf 200 °C vorheizen.

Für den Pfannkuchen die Butter in eine ofenfeste Pfanne (16–18 cm Durchmesser) geben und im Ofen zerlassen.

Die Steinpilze im Mixer oder in der Gewürzmühle zu Pulver mahlen. Das Mehl mit Steinpilzpulver und Salz mischen, dann nacheinander die Eier zugeben und alles mit dem Schneebesen oder dem Handrührer zu einer glatten Masse verrühren. Erst dann unter ständigem Rühren die Milch zufügen.

Den Teig in die heiße Pfanne gießen und zurück in den Ofen stellen. Achtung, gusseiserne Griffe werden furchtbar heiß – Topflappen bereitlegen! Den Ofenpfannkuchen im vorgeheizten Ofen 15–20 Minuten backen, bis er aufgegangen und schön braun ist.

Für die Rahmpilze in der Zwischenzeit die Pilze putzen und je nach Größe vierteln oder in Scheiben schneiden. Schalotte und Knoblauch schälen und fein würfeln. Den Thymian abbrausen, trocken tupfen und die Blättchen abzupfen. Die Butter in einer Pfanne zerlassen, Schalotten und Knoblauch darin anschwitzen, dann Pilze und Thymian zugeben und alles gut anbraten. Mit der Sahne ablöschen und cremig einkochen. Mit Zitronensaft, Salz und reichlich Pfeffer abschmecken.

Das Dutch Baby aus dem Ofen nehmen, die Rahmpilze daraufgeben, mit Crème fraîche und Schnittlauch toppen und sofort servieren.

Tipp: Dutch Babys neigen dazu, schnell wieder in sich zusammenzufallen, sobald sie den Ofen verlassen haben. Das ist nicht weiter schlimm und gehört beim Dutch Baby einfach dazu. Trotzdem solltest du den Pfannkuchen rasch servieren, so schmeckt er am besten.

MARONENSUPPE

mit Sherry

„Trostessen wird definitiv mit dem Löffel gegessen", hat mir eine Blog-Leserin einmal geschrieben. Recht hat sie! Diese herrlich cremige Maronensuppe wärmt nicht nur den Körper, sondern auch das Herz.

ZUTATEN FÜR 4 PORTIONEN

450 g vorgegarte Maronen (vakuumverpackt)
2 Zwiebeln
2 Pastinaken
¼ Knollensellerie
2 EL Butter
200 ml trockener Weißwein
1 L Hühnerfond (alternativ: Gemüsefond)
200 g Crème fraîche, plus etwas zum Servieren
3 EL Sherry, medium dry
Meersalz
frisch gemahlener schwarzer Pfeffer
2 Thymianzweige, Blätter abgezupft

Von den Maronen 4 Stück zur Seite legen, die übrigen grob hacken.

Zwiebeln, Pastinaken und Sellerie schälen und fein würfeln. Die Butter in einem Topf erhitzen und die Gemüsewürfel unter Rühren ca. 10 Minuten darin andünsten.

Die gehackten Maronen zugeben, mit dem Weißwein ablöschen und den Fond angießen. Die Suppe 45 Minuten abgedeckt köcheln lassen, dann mit dem Pürierstab oder im Mixer cremig pürieren. Die Crème fraîche unterrühren, mit Sherry, Salz und Pfeffer abschmecken. Ist die Suppe zu dick, eventuell noch etwas Wasser unterrühren.

Die beiseitegelegten Maronen fein würfeln und auf Suppenteller oder Schüsseln verteilen, ein wenig davon zurückbehalten. Die heiße Suppe in die Teller gießen und mit Crème fraîche, Maronenwürfeln und Thymianblättchen dekorieren.

Tipp: Wer keinen Sherry mag, lässt ihn einfach weg. Den Weißwein kannst du durch einen Mix aus Apfelsaft und Fond im Verhältnis 1:1 ersetzen.

GRÜNKOHL-KNÖDEL

mit Parmesan & knuspriger brauner Butter

Ich bin Fränkin. Mit Knödeln (die bei uns übrigens Klöße heißen) bin ich quasi aufgewachsen. Wenn nichts mehr ging, ging immer noch Kloß mit Soß'. In diesem Gericht habe ich meine beiden Herzens-Heimaten vereint. Süden trifft Norden, Nürnberg trifft Hamburg, Semmelknödel trifft Grünkohl. Denn Gegensätze ziehen sich eben auch kulinarisch an!

ZUTATEN FÜR 10 KNÖDEL

Für die Grünkohl-Knödel
220 g frischer, zarter Grünkohl (harte Blattrippen entfernt)
Meersalz
100 g Schalotten
50 g Butter
125 ml Milch
250 g altbackene Brötchen oder Weißbrot
2 Eier
50 g Parmesan, gerieben
frisch gemahlener schwarzer Pfeffer
frisch geriebene Muskatnuss
100 g Parmesan, gehobelt

Für die knusprige braune Butter
125 g Butter
25 g Milchpulver

Für die Knödel die Grünkohlblätter sorgfältig waschen und in kochendem Salzwasser 2 Minuten blanchieren. Abgießen, gut ausdrücken und fein hacken.

Die Schalotten schälen, fein würfeln und in der Butter 10 Minuten andünsten. Die Milch erhitzen, bis sie dampft.

Die Brötchen würfeln, in eine Schüssel geben, mit der heißen Milch begießen und 5 Minuten quellen lassen. Eier, Schalotten und geriebenen Parmesan zugeben und alles gut vermengen. Zuletzt den Grünkohl unterrühren, die Masse gut durchkneten und mit wenig Salz, reichlich Pfeffer und Muskatnuss herzhaft abschmecken. Den Teig 30 Minuten ruhen lassen.

Aus der Masse zehn Knödel formen und diese in Salzwasser 20–25 Minuten sieden lassen. Knödelwasser sollte nie sprudelnd kochen, sondern nur leicht simmern! Die Knödel sind fertig, wenn sie an der Oberfläche schwimmen.

Für die knusprige braune Butter die Butter in einem Topf zum Kochen bringen. Das Milchpulver einrühren und so lange köcheln lassen, bis die Butter bräunt und nussig duftet. Die Mischung durch einen Kaffeefilter oder ein feines Sieb gießen und die Butter ablaufen lassen. Die entstandenen Butterstreusel auf Küchenpapier geben und abkühlen lassen. In einem luftdicht verschlossenen Glas halten sich die Streusel mindestens 2 Wochen. Die restliche Butter warm halten.

Die fertigen Knödel mit einer Schaumkelle aus dem Wasser heben, abtropfen lassen und auf vorgewärmten Tellern anrichten. Mit der warmen braunen Butter, den knusprigen Butterstreuseln und Parmesanspänen bestreut servieren.

Tipp: Milchpulver in Bio-Qualität bekommst du online.

ROTE-BETE-PIZZA

Pizza stellt keine Fragen. Pizza versteht. Diese hier hebt die Stimmung schon beim Anblick. Denn Rote-Bete-Saft färbt sie so richtig schön knallrot. Dazu gesellen sich bunte Tomaten, herber Rucola, süße Feigen – und ganz viel Käse: cremiger Ricotta, würziger Gruyère, frischer Büffelmozzarella und milder Ziegengouda. Denn wenn einmal der Wurm drin ist, dann ist eben einfach alles Käse.

ZUTATEN FÜR 4 PIZZEN

Für den Pizzateig
500 g Mehl, plus etwas zum Verarbeiten
300 ml Rote-Bete-Saft
10 g frische Hefe
12 g Meersalz

Für den Belag
125 g Gruyère
100 g Ziegengouda
2 Kugeln Büffelmozzarella
250 g Kirschtomaten
6 Feigen
75 g Rucola
125 g Ricotta
75 g schwarze Oliven

Für den Pizzateig die Hälfte des Mehls mit Rote-Bete-Saft, Hefe und Salz zu einem zähflüssigen Teig verrühren. Mit einem Küchentuch abdecken und 20 Minuten stehen lassen. Anschließend den Teig weiterrühren und dabei das restliche Mehl einarbeiten, bis sich der Teig vom Boden löst und einen Ball formt. Den Teig dann aus der Schüssel nehmen, mit Mehl bestäuben und noch 3 Minuten mit den Händen gut durchkneten. Zurück in die Schüssel geben, mit einem Küchentuch abdecken und im Kühlschrank mindestens 3 Stunden gehen lassen – 24 Stunden wären besser.

Für den Belag Gruyère und Ziegengouda reiben. Den Büffelmozzarella in Stücke zupfen. Die Kirschtomaten waschen und halbieren. Die Feigen waschen und vierteln. Den Rucola waschen und trocken schleudern.

Den Backofen mit Blech auf 250 °C (Umluft) vorheizen.

Den Pizzateig vierteln. Jedes Viertel auf einem Bogen Backpapier zu einem dünnen Fladen ausrollen. Jeden Fladen dünn mit Ricotta bestreichen, dabei 1–2 cm Rand lassen. Gruyère, Ziegengouda und Mozzarella gleichmäßig auf die Pizzen streuen. Tomaten, Feigen und Oliven darauf verteilen. Je zwei Pizzen mit dem Backpapier auf das heiße Backblech ziehen und ca. 10 Minuten backen. Sobald die Pizzen aus dem Ofen kommen, mit Rucola toppen und sofort servieren.

Tipp: Für hellen Pizzateig einfach den Rote-Bete-Saft durch Wasser ersetzen. Der Teig hält sich gut abgedeckt im Kühlschrank bis zu 5 Tage.

KARTOFFELN, EIER & SPECK

Als ich die Facebook-Leser meines Blogs vor einiger Zeit fragte, welches Essen für sie das ultimative Trostessen sei, da stand eines ganz oben auf der virtuellen Liste: Kartoffelbrei! Knapp gefolgt von: Bacon! Beides kommt heute in einer tröstlichen Deluxe-Version auf den Tisch. Und zwar als fluffiger Espuma. Dazu gibt es knusprigen Bacon. Und ein Onsenei. Diese Art, Eier zu garen, stammt ursprünglich aus Japan: Dort wirft man sie einfach in die zwischen 60 und 70 °C heißen Thermalquellen mit dem Namen Onsen. Da die geothermale Aktivität in Deutschland doch eher dürftig ist, garen wir die Eier eben im exakt temperierten Wasserbad so lange bei 65 °C, bis das Eigelb eine einzigartig cremig-samtige Textur bekommt.

ZUTATEN FÜR 6 PORTIONEN

350 g Kartoffeln
Meersalz
175 ml Sahne
200 ml Rinderfond
50 g Butter
frisch geriebene Muskatnuss
6 Bio-Eier (beste Qualität), bei Zimmertemperatur
6 Scheiben Frühstücksspeck
Kresse oder Kerbel, nach Belieben

Außerdem
Sahnesiphon mit zwei Patronen

Für den Espuma die Kartoffeln schälen, halbieren und in Salzwasser weich kochen. Abgießen, ausdämpfen lassen und anschließend durch eine Kartoffelpresse in einen Topf drücken. Mit Sahne, Rinderfond und Butter mischen und einmal aufkochen. Mit Salz und Muskatnuss abschmecken. Die Masse durch ein Sieb in einen Sahnesiphon füllen, die Patronen aufschrauben und kräftig schütteln. Den Siphon bei 70–75 °C im Wasserbad warm halten.

Für die Onseneier ein Wasserbad auf exakt 65 °C erhitzen. Die Eier 50 Minuten darin garen. Nach der Garzeit die Eier aus dem Wasserbad nehmen, kurz abschrecken, mit einer Kelle oder einem spitzen Messer vorsichtig aufschlagen und pellen. Vorsicht, heiß! Das glibberige Eiweiß entfernen (daraus könnte man noch ein Eiweiß-Omelette machen), sodass nur das glänzende Eigelb übrig bleibt.

Den Frühstücksspeck in einer Pfanne knusprig braten. Herausnehmen, mithilfe einer Gabel aufrollen und die Röllchen auf Küchenpapier abtropfen lassen.

Zum Anrichten etwas Kartoffel-Espuma in eine Schüssel spritzen. Je ein Onsenei vorsichtig daraufgleiten lassen, mit einem Speckröllchen und etwas Kresse oder Kerbel nach Belieben toppen. Sofort servieren.

Tipp: Am besten lassen sich die Onseneier in einem Sous-vide-Becken zubereiten, ein spezielles Wasserbecken, das die Temperatur über längere Zeit exakt halten kann. Wenn du keines besitzt, servierst du einfach ein pochiertes Ei zum Kartoffel-Espuma.

MALZBIER-BEEF-RIBS

mit Champignons & Apfel

Was gibt es Tröstlicheres, als mit den Fingern zu essen und so richtig nach Herzenslust rumzukleckern? Statt der bekannteren Spare Ribs vom Schwein kommen hier Beef Ribs auf den Tisch. Die führen bei uns viel zu oft ein Schattendasein und landen als Querrippe meist nur in der Suppe. Dabei sind sie ein unvergleichlich aromatischer Genuss, wenn man sie nur lange genug bei moderater Hitze gart. Ob du die dicken Dinger dann wirklich mit den Fingern essen magst, bleibt natürlich ganz dir überlassen ...

ZUTATEN FÜR 4 PORTIONEN

1,5–1,8 kg Rinderrippen
1 Apfel
1 Zwiebel
2 Knoblauchzehen
1 EL Paprikapulver edelsüß
1 TL Chipotle-Chilipulver (oder anderes Chilipulver)
200 ml Apfelsaft
150 ml Malzbier
2 EL Apfelessig
2 EL brauner Zucker
300 g passierte Tomaten
Meersalz
frisch gemahlener schwarzer Pfeffer

Außerdem
500 g Champignons
2 Äpfel
2 TL Butter
Meersalz
frisch gemahlener schwarzer Pfeffer

Den Backofen auf 140 °C vorheizen.

Die Rippen parieren, also von überschüssigem Fett und der Silberhaut befreien. Ein Stück vom Rinderfett in einem Bräter schmelzen lassen und die Rippen darin von allen Seiten gut anbraten.

Den Apfel schälen, vom Kerngehäuse befreien und würfeln. Zwiebel und Knoblauch schälen, dann fein würfeln.

Die Rippen aus dem Bräter nehmen. Zwiebel-, Knoblauch- und Apfelwürfel im Bratfett andünsten, ohne dass sie Farbe nehmen. Mit Paprika- und Chilipulver bestäuben, dann mit Apfelsaft und Malzbier ablöschen. Apfelessig, braunen Zucker und passierte Tomaten zufügen und aufkochen. Mit Salz und Pfeffer würzen. Die Rippen zurück in den Bräter geben und abgedeckt in den vorgeheizten Ofen stellen. Die Ribs gute 3 Stunden garen, in der letzten Stunde den Deckel abnehmen. Dabei immer wieder mit der Bratflüssigkeit übergießen.

Wenn die Rippen fertig sind, vorsichtig aus dem Bräter heben – sie sollten jetzt fast vom Knochen fallen – und auf einem Teller im Ofen bei 90 °C warm halten. Auf der Schmorflüssigkeit sollte sich einiges an Fett abgesetzt haben, das kann mit einer Kelle abgeschöpft werden. Die restliche Soße mit dem Pürierstab oder im Mixer fein pürieren.

Die Champignons putzen und vierteln. Die Äpfel schälen, vom Kerngehäuse befreien und würfeln. Die Butter auf zwei Pfannen verteilen und aufschäumen, in der einen Pfanne die Champignons, in der anderen die Apfelwürfel goldbraun braten. Mit Salz und Pfeffer würzen.

Pro Portion eine Rinderrippe mit gebratenen Champignons und Äpfeln sowie der Soße anrichten.

COOKIE-DOUGH-TRÜFFEL

Mein fabelhafter Mann hat ja wirklich für vieles Verständnis, was so in meiner Küche geschieht. Wofür er allerdings gar kein Verständnis hat, ist Teig, der in den Ofen geschoben wird. Und so fragt der Gatte sich (und vor allem mich) immer dann, wenn ich einen Kuchenteig zusammengerührt habe: Warum muss man das denn jetzt noch backen? Zum Trost für ihn und für alle anderen Keksteig-Nascher kommen deshalb hier meine superschokoladigen Cookie-Dough-Trüffel.

Die Schokolade hacken. Die Butter und beide Zuckersorten ca. 5 Minuten in der Küchenmaschine oder mit dem Handrührer aufschlagen, dann die Milch unterrühren. Zum Schluss Mehl, Salz und Schokolade unterheben.

Jeweils eine kleine Portion Teig abnehmen und in den Handflächen zu 20 Kugeln formen. Jede in Kakaopulver wälzen.

Tipp: Außer meinem Gatten hat wahrscheinlich niemand etwas dagegen, den Teig im Ofen zu Cookies werden zu lassen: Dazu einfach die Kugeln flach drücken, auf einem Blech verteilen und bei 175 °C (Umluft) 8–10 Minuten backen.

ZUTATEN FÜR CA. 20 STÜCK

100 g Zartbitterschokolade (mind. 70 % Kakaoanteil)
120 g weiche Butter
100 g Roh-Rohrzucker, z. B. Muscovado
20 g weißer Zucker
2 EL Milch
150 g Dinkelmehl
1 Prise Meersalz
50 g Backkakao

GIN-SORBET

mit Tonic-Gurken & Limettengel

„Das kriegen wir schon wieder Gin“ scheint dieses erfrischend-herbe Gin-Sorbet zu flüstern. Dazu gibt´s in Tonic marinierte Gurken und ein fruchtiges Limettengel. Denn sauer macht ja bekanntlich lustig.

ZUTATEN FÜR 4 PORTIONEN

Für das Gin-Sorbet
125 g Zucker
100 ml Limettensaft (5–6 Limetten)
75 ml Gin
1 Eiweiß

Für die Tonic-Gurken
½ Salatgurke
200 ml Tonic Water

Für das Limettengel
100 ml Limettensaft
100 g Zucker
2 g Agar-Agar

Für das Gin-Sorbet 150 ml Wasser mit dem Zucker aufkochen, bis sich der Zucker gelöst hat. Den Sirup abkühlen lassen, dann mit Limettensaft, Gin und Eiweiß mischen. In eine Eismaschine füllen und nach Anweisung gefrieren lassen.

Für die Tonic-Gurken die Salatgurke waschen, trocknen und mit einem Sparschäler in dünne Scheiben schneiden, dabei das Kerngehäuse auslassen. In eine Schüssel geben, mit dem Tonic Water übergießen und 30 Minuten marinieren.

Für das Limettengel Limettensaft und Zucker aufkochen, bis sich der Zucker gelöst hat. Das Agar-Agar unterrühren, 2 Minuten kochen und dann abkühlen lassen. Wenn die Masse geliert ist, mit dem Pürierstab aufmixen. Das Gel in eine Spritzflasche füllen.

Zum Anrichten die Gurkenscheiben aus der Tonic-Marinade nehmen und aufrollen. Die Röllchen auf einen Teller geben, eine Nocke Gin-Sorbet danebensetzen und ein paar Tupfen Limettengel außen herum platzieren.

Tipp: Du kannst das Sorbet auch ohne Eismaschine zubereiten: Dazu den Limetten-Gin-Sirup in eine flache Metallschüssel geben, in den Tiefkühler stellen und alle 30 Minuten kräftig mit dem Schneebesen durchrühren. Je kräftiger du schlägst, desto kleiner werden die Eiskristalle und desto cremiger wird das Sorbet.

Fernweh
NEVER STOP EXPLORING.

Ich finde, fremde Kulturen lernt man am besten mit dem Gaumen kennen. Und so lasse ich mich in fernen Ländern lieber über Märkte als durch Museen treiben.

In Asien liebe ich es, mich im Gewimmel der engen Gassen und riesigen Markthallen zu verlieren. Dort, wo sich körbeweise frisches Gemüse, Kräuter und exotische Früchte stapeln. Wo man von einer Garküche in die nächste fällt und gar nicht weiß, bei welcher Leckerei man zuerst zugreifen soll.

Bei unserem Roadtrip durch North und South Carolina hat sich ein ganzer Kofferraum voller Vorurteile über amerikanisches Essen in der lauen Herbstluft aufgelöst. Traditionelle Küche mit einem modernen Twist. Mit Biogemüse, viel Seafood und Fleisch aus artgerechter Haltung – alles „farm to table", also direkt von der Farm auf den Tisch.

Es lohnt sich also, kulinarisch neugierig zu bleiben! Nie werde ich den isländischen Farmer vergessen, der auf seinem Hof Farmhouse Icecream verkaufte und mir zeigte, wie isländischer Skyr traditionell hergestellt wird.

Ein paar meiner liebsten Rezepte aus Ländern, die ich in den letzten Jahren besucht habe, findest du auf den nächsten Seiten.

Vietnam

EINE HERAUSFORDERUNG FÜR ALLE SINNE

Ich liebe dieses Gewimmel und Gewusel, die fremden Gerüche und aufregenden Zutaten.

VIETNAM – DIESES LAND KNATTERT, LÄRMT UND HUPT OHNE UNTERLASS. Die größte Herausforderung für frisch gelandete Vietnam-Reisende ist für gewöhnlich eine ganz normale Straßenüberquerung. In Deutschland gibt´s Ampeln. In Bangkok gibt´s Fußgängerbrücken. In Vietnam gibt´s: Mopeds. Und die fahren gern vierzehn- bis sechzehnspurig nebeneinanderher. Die einzige Möglichkeit, um über die Straße zu kommen: Man geht einfach los. Langsam, aber ohne zu stoppen. Und ohne panisch zur Seite zu springen oder mit einer spontanen Ohnmacht zusammenzusinken. Erstaunlich, aber es funktioniert. Das wilde Verkehrsgewusel wird auf magische Art um einen herum fließen. Staunen, schmecken und einfach treiben lassen – das ist aber auch jede Mühe bei der Straßenquerung wert.

In Ho Chi Minh City, dem ehemaligen Saigon, guckt uns der Concierge im Hotel auf die Frage nach einem Restaurant in Fußreichweite an, als hätte ich soeben nach

Bunte Lampions in Hoi An

der örtlichen Eislaufbahn gefragt. „You better take Taxi!“ Wie bitte? Ich bin noch in jeder Stadt zu Fuß gegangen! In Ho Chi Minh City erweist sich das allerdings als keine gute Idee. Denn: Die Gehwege sind so ziemlich für alles da. Für Garküchen. Für Straßenverkäufer. Für parkende Mopeds. Für fahrende Mopeds. Nur zum Gehen – dafür sind sie nicht wirklich gedacht.

Später in Hoi An bezaubern mich die bunten Lampions, die adretten gelben Häuser und der wunderbare Markt, auf dem so ziemlich alles angeboten wird, was mir essbar erscheint. Und auch manches darüber hinaus. Lebendige Hühner, tote Fische, selbst gemachte Nudeln, frische Kräuter, exotisches Gemüse – ich liebe dieses Gewimmel und Gewusel, die fremden Gerüche und aufregenden Zutaten. Nur in Hoi An gibt es auch Cao Lầu, ein Nudelgericht, dessen Nudeln der Legende nach nur mit Wasser aus dem örtlichen Ba-Le-Brunnen hergestellt werden dürfen. Nur drei Familien stellen Cao-Lầu-Nudeln her – das Rezept ist ein streng gehütetes Familiengeheimnis.

Wer zwischendurch Hunger bekommt, der ist in Vietnam immer gut aufgehoben. Der nächste Foodstall ist nie weit entfernt. Oft spürt man noch das kulinarische Erbe der Franzosen, die das damalige Indochina vor über 60 Jahren verlassen haben. In Hanoi bekommst du nicht nur die besten Croissants außerhalb von Paris, sondern auch Bánh mì: die vietnamesische Version des französischen Baguettes. Gefüllt werden sie mit Leberpâté, außerdem knusprigem Schweinebauch, Hühnchen oder sogar Seafood. Dazu gibt´s Mayonnaise, frische Kräuter und eingelegtes Gemüse. Die vielleicht besten Bánh mì habe ich bei Bánh Mì 25 in der Hàng Cá Street in Hanoi gegessen.

Überhaupt ist Hanoi, im Norden des Landes gelegen, allein schon eine Reise wert. Die Altstadt, übersetzt „Viertel der 36 Gassen“ genannt, ist unglaublich charmant. Jede der 36 Gassen ist einem Handwerk gewidmet. Und so gibt es in der einen Gasse nur Silberwaren, in der nächsten nur Papier-Lampions und in der dritten nur Süßigkeiten.

Eine weitere Spezialität Hanois ist – festhalten bitte – Egg Coffee. Klingt seltsam. Schmeckt köstlich. Weil das Ei in Form einer Art Zabaione auf den Kaffee kommt.

Und auch Bun Bo Nam Bo habe ich das erste Mal in Hanoi gegessen. Ein Rezept für diesen lauwarmen Reisnudelsalat findest du auf der nächsten Seite.

- AUS VIETNAM -

BUN BO NAM BO

Diesen Nudelsalat aß ich zum ersten Mal in einem winzigen, schlauchförmigen Foodstall in Hanoi. In der Regel haben sich Garküchen auf ein Gericht spezialisiert – was die Bestellung auch dann einfach macht, wenn die Kundin kein Vietnamesisch und die Köchin kein Englisch spricht. „Bun" sind übrigens die dünnen Reisnudeln, „Bo" heißt Rindfleisch, und mit „Nam Bo" bezeichnet man den Süden Vietnams, wo dieses klassische Street Food seinen Ursprung hat.

ZUTATEN FÜR 4 PORTIONEN

Für den Salat
500 g Rindersteak, z. B. Rumpsteak oder Hüfte
3 Knoblauchzehen
2 Stängel Zitronengras
4 EL Sesamöl
250 g Reisnudeln (Vermicelli)
2 Karotten
1 Salatgurke
6 Korianderstängel
½ grüner Salat nach Wunsch (Lollo Bianco, Romana ...)
80 g Mungbohnensprossen
2 EL Austernsoße
Meersalz
frisch gemahlener schwarzer Pfeffer
50 g geröstete Erdnüsse, grob zerstoßen

Für das Dressing (Nuoc Cham)
1 Stück Ingwer (1 cm)
1 Vogelaugen-Chilischote
2 EL brauner Zucker oder Palmzucker
4 EL Fischsoße
8 EL heißes Wasser
Saft von 1–2 Limetten

Für das Dressing den Ingwer schälen und reiben, die Chili vom Stielansatz befreien und fein hacken. Mit den restlichen Zutaten verrühren, bis sich der Zucker aufgelöst hat. Beiseitestellen.

Für den Salat das Fleisch quer zur Faser in sehr dünne Scheiben schneiden. Am besten geht das, wenn du es vorher 30 Minuten in den Tiefkühler gelegt hast.

Die Knoblauchzehen schälen und fein würfeln. Das Wurzelende des Zitronengrases abschneiden und den hellen Teil reiben. Mit Knoblauch, 2 EL Öl und dem geschnittenen Fleisch vermischen.

Die Reisnudeln nach Packungsanleitung zubereiten. Abgießen und mit viel kaltem Wasser abspülen. In einem Sieb abtropfen lassen.

Die Karotten schälen und erst der Länge nach in dünne Scheiben, dann in 4 cm lange Stifte schneiden. Die Gurke schälen, halbieren, entkernen und ebenso in 4 cm lange Stifte schneiden. Die Korianderblätter von den Stängeln zupfen.

Die Schalen vorbereiten: Die Nudeln auf vier Schüsseln verteilen, in jede Schüssel Salatblätter, Mungbohnensprossen, Karotten und Gurken geben. Mit dem Dressing beträufeln.

Das restliche Öl in einen Wok oder eine große Pfanne geben und sehr heiß werden lassen. Das Fleisch in zwei Portionen mitsamt der Marinade unter Rühren je 1–2 Minuten braten. Die Austernsoße zugeben und mit etwas Salz und reichlich Pfeffer würzen.

Das heiße Rindfleisch auf die Schüsseln verteilen und mit Koriander und zerstoßenen Erdnüssen toppen.

Tipp: Nuoc Cham ist eine typisch vietnamesische Salat- und Dipsoße. Sie soll süß, würzig, sauer und scharf schmecken. Den Ingwer kannst du durch eine Knoblauchzehe ersetzen, die du zusammen mit dem Zucker im Mörser zu einer Paste verreibst. Apropos reiben: Das faserige Zitronengras reibe ich lieber fein, als es zu hacken – es isst sich gerieben einfach viel besser.

- AUS THAILAND -

SOM TAM

Grüner Papayasalat

Mein All-Time-Favourite in Thailand. Kein Besuch auf dem Night Market ohne eine Portion Som Tam. Dieser herrlich erfrischende Salat aus der grünen Gemüsepapaya wird traditionell in großen Mörsern mit riesigen Stößeln gestampft. Weil mein Mörser nicht das Fassungsvermögen eines thailändischen Garküchen-Mörsers hat, knete ich die Papayastreifen ein paar Minuten kräftig mit den Händen durch, das hat denselben Effekt. Die meisten Zutaten für diesen Salat bekommst du im Asia-Shop. Und: Keine Angst vor den getrockneten Shrimps. Sie riechen ziemlich gewöhnungsbedürftig – sind für einen guten Som Tam aber unerlässlich.

ZUTATEN FÜR 4 PORTIONEN

Für das Dressing
6 EL Limettensaft
6 EL Fischsoße
4 EL Palmzucker (alternativ brauner Zucker)

Für den Salat
100 g Schlangenbohnen (alternativ: Prinzessbohnen)
1 grüne Papaya
2 Knoblauchzehen
2–4 grüne Chilischoten (je nach gewünschter Schärfe)
40 g getrocknete Shrimps
50 g Erdnüsse, geröstet
150 g Kirschtomaten, halbiert

Für das Dressing Limettensaft, Fischsoße und Palmzucker verrühren, bis sich der Zucker aufgelöst hat.

Für den Salat die Schlangenbohnen 5 Minuten in Wasser kochen, dann herausnehmen und in dünne Scheiben schneiden.

Die Papaya schälen, halbieren, die weißen Kerne mit einem Löffel herausschaben und das Fruchtfleisch mit einem Julienne-Schäler hobeln. Alternativ grob raspeln. Du brauchst etwa 400 g Papaya für den Salat. Mit den Händen ein paar Minuten kräftig durchkneten.

Den Knoblauch schälen. Die Chilischoten vom Stielansatz befreien.

In einem großen Mörser Knoblauch, Chilis und getrocknete Shrimps grob zerstoßen. Schlangenbohnenstücke und Erdnüsse ebenfalls in den Mörser geben und weiter zerstoßen. Zu guter Letzt die halbierten Kirschtomaten zugeben und ebenfalls kurz anquetschen.

Die Mischung aus dem Mörser gut mit den Papayaraspeln und dem Dressing vermischen.

Tipp: Einen Papaya-Slicer bekommst du für wenige Cent auf jedem Markt in Thailand. Oder natürlich – wo auch sonst? – im Internet. Dort auch unter dem Namen Julienne-Schneider zu finden. Schwerer aufzutreiben ist da schon die grüne Gemüsepapaya. Wenn du keine bekommen kannst, dann ist Kohlrabi eine tolle Alternative!

- AUS ISRAEL -

GRÜNE SHAKSHUKA

Dieses Nationalgericht, das eigentlich aus Nordafrika stammt, wird in Israel zu jeder Tageszeit gegessen – besonders gern aber schon zum Frühstück. Der Klassiker wird mit Tomaten und Paprikaschoten zubereitet, es gibt aber unzählige Varianten davon. Eines haben sie alle gemeinsam: Sie schmecken köstlich! Diese grüne Shakshuka habe ich das erste Mal in Tel Aviv gegessen. Und immer, wenn zu Hause eine Shakshuka auf dem Herd brutzelt, erinnert sie mich an die Tage in dieser so vielfältigen und faszinierenden Metropole am Mittelmeer.

ZUTATEN FÜR 1 GROSSE PORTION

80 g Ziegenfrischkäse
30 ml Milch
1 kleine Zwiebel
1 Knoblauchzehe
1 grüne Chilischote
75 g Babyspinat
1 Baby-Pak-Choi
1 EL Olivenöl
je 1 Prise gemahlener Koriander und Kreuzkümmel
Meersalz
frisch gemahlener schwarzer Pfeffer
2 Bio-Eier
1 Prise Za´atar

Ziegenfrischkäse und Milch verrühren.

Zwiebel und Knoblauch schälen und fein würfeln. Die Chilischote vom Stielansatz befreien und in Ringe schneiden. Spinat und Pak Choi putzen und grob hacken.

Das Olivenöl in einer kleinen gusseisernen Pfanne (16 cm Durchmesser) erhitzen. Zwiebeln, Knoblauch, Koriander, Kreuzkümmel und den hellen Teil des Pak Choi ca. 3 Minuten darin anschwitzen. Das übrige Gemüse zugeben und nur kurz zusammenfallen lassen.

Die Käse-Milch-Mischung angießen, alles einmal aufkochen lassen und mit Salz und Pfeffer würzen.

Mit einem Löffelrücken zwei Mulden formen und in jede Mulde 1 Ei schlagen. Das Eiweiß mit einer Gabel vorsichtig in Form von Achten verrühren, dabei darauf achten, dass das Eigelb ganz bleibt.

Die Shakshuka abdecken und weitere 8 Minuten bei geringer Hitze garen, bis die Eier gestockt sind. Mit Za´atar bestreuen und sofort servieren.

Tipp: Za´atar ist der arabische Name für wilden Thymian – und außerdem eine Gewürzmischung, die in der nordafrikanischen Küche und der des Nahen Ostens sehr beliebt ist. Neben dem namensgebenden Thymian sind meist Sumach, geröstete Sesamsamen und Salz, manchmal auch Majoran, Oregano oder Kreuzkümmel enthalten. Traditionell wird Za´atar mit Olivenöl vermischt und auf Fladenbrot gestrichen. Dieses Za´atar-Öl passt auch toll zu gegrilltem Fleisch oder ofengeröstetem Gemüse.

Malediven

ES GIBT EINEN ORT AUF DER WELT, DER KOMMT MEINER VORSTELLUNG VOM PARADIES ZIEMLICH NAHE.
Die Malediven. Über 1.000 kleine Inseln, die sich wie eine Perlenkette durch den Indischen Ozean ziehen.

Wassertaxis bringen die Gäste aus aller Welt vom Flughafen Hulule zu den Resorts auf den weiter entfernten Atollen. Ein Flug in der kleinen, 16-sitzigen Twin Otter ist nicht nur atemberaubend, sondern zunächst einmal ohrenbetäubend. Wenn sich die Rotoren der Propeller drehen, versteht man sein eigenes Wort nicht mehr. Zuerst staunt man über die barfuß fliegenden Piloten. Später dann über die spektakulären Ausblicke. Tiefblaues Meer, türkisfarbene Lagunen – und mittendrin diese palmengrünen Eilande mit den puderzuckerweißen Stränden.

Urlaub auf den Malediven ist ein komplett entscheidungsloser Urlaub. Du musst nichts planen, denn du verpasst sowieso nichts. Die Tage sind gefüllt mit einer nicht enden wollenden Abfolge aus Frühstück-Tauchen-Schnorcheln-Sonnenbaden-Drinks-Dinner-Drinks-Schlafen. Genau das Richtige für Menschen, die auch mal ausgiebig nichts tun können. Wobei Nichtstun ja eigentlich gar nicht stimmt ...

Egal, ob zum Schnorcheln oder Tauchen – wer auf den Malediven den Kopf nicht unter Wasser steckt verpasst das Beste. Nämlich korallenknabbernde Papageienfische, neugierige Fledermausfische, patroullierende Riffhaie, vorwitzige Anemonenfische, die sich aus ihren sanft wogenden Weichkorallen herauswagen, jagende Makrelen, gemächliche Schildkröten – und mit viel Glück sogar die majestätischen Mantas.

Über Wasser wartet dann ein entspannter Barfuß-Luxus: Die eigene Hütte am feinen Sandstrand, Palmen, dic sich im Wind wiegen, üppig blühende Bougainvilleen und vielleicht ein paar Babyhaie im flachen Wasser der Lagune. Einen Sonnenuntergang später dann die schwierigste Entscheidung des Tages: Lemon Ginger Mojito oder Basil Smash?

In den Anfängen des Tourismus in den Siebziger Jahren waren die Malediven ausschließlich ein Paradies für Taucher, keines für Gourmets. Die Auswahl an Gerichten war übersichtlich. Es gab entweder Fisch mit Reis. Oder Reis mit Fisch. Viel Essbares wächst nämlich nicht auf den kleinen Palmeninseln. Außer Kokosnuss, Bananen und Fisch müssen alle Lebensmittel importiert werden. Kein Wunder also, dass traditionelle maledivische Gerichte meist Fisch, oft Thunfisch, enthalten. Er wird auf traditionelle, nachhaltige Art mit der Angelrute gefischt und kommt gegrillt, geräuchert und gekocht auf den Tisch. Zum Beispiel in Form der traditionellen Fischsuppe Garudiya. Zum Frühstück gibt es Mas Huni mit Roshi, das ist ein Salat aus Thunfisch, Zwiebeln und Kokosraspeln. Von der traumhaften Insel Milaidhoo habe ich das Rezept für ein Thunfisch-Bananencurry mitgebracht.

- VON DEN MALEDIVEN -

BANANENCURRY

So traumhaft die Inseln der Malediven auch sind – auf den kleinen Eilanden wächst außer Kokosnusspalmen und Bananenstauden nicht viel. Zu den Grundpfeilern der maledivischen Küche gehören daher Kokosnüsse in allen Formen ebenso wie Kochbananen und Thunfisch. Das Rezept für dieses maledivische Bananencurry hat mir der General Manager der paradiesischen Insel Milaidhoo verraten. Im Original wird es mit geräuchertem Thunfisch zubereitet – es schmeckt aber auch mit frischem Fisch ganz wunderbar.

ZUTATEN FÜR 4 PORTIONEN

400 g Kochbananen
400 g Thunfisch in Sashimi-Qualität
300 g Schalotten
3 Knoblauchzehen
1 Stück frischer Ingwer (3 cm)
2–4 grüne Chilischoten
Meersalz
1 EL Kreuzkümmelsamen
1 TL Koriandersamen
5 Kardamomkapseln, zerstoßen
5 Nelken
1 EL Ghee (alternativ: Butterschmalz oder Erdnussöl)
20 frische oder
1 EL getrocknete Curryblätter
2 EL mildes Currypulver
1 EL gemahlene Kurkuma
½ TL Zimt
1 Pandanusblatt, in 1 cm breite Streifen geschnitten (optional)
4 EL Tomatenmark
400 ml Kokosmilch
Saft von 1 Limette
1 TL Roh-Rohrzucker

Die Kochbananen schälen, halbieren und in 2 cm große Würfel schneiden. Den Thunfisch in Würfel der gleichen Größe schneiden. Schalotten und Knoblauch schälen und fein würfeln. Den Ingwer schälen und reiben. Die Chilischoten vom Stielansatz befreien und in Ringe schneiden.

Die Kochbananenstücke 15 Minuten in kochendem Salzwasser garen. Dann abgießen, abtropfen lassen und beiseitestellen.

In der Zwischenzeit Kreuzkümmel, Koriander und zerstoßene Kardamomkapseln mit den Samen sowie Nelken ohne Fett in einer Pfanne rösten, bis sie duften. Etwas abkühlen lassen und fein mörsern.

Das Ghee in einem Topf erhitzen, Zwiebeln und Knoblauch 5 Minuten darin anschwitzen. Dann Ingwer, Chili und alle weiteren Gewürze sowie 2 TL Salz zugeben und weitere 5 Minuten bei mittlerer Hitze dünsten. Das Tomatenmark einrühren und kurz mitbraten. Mit 200 ml Wasser und Kokosmilch aufgießen und 10 Minuten köcheln lassen. Anschließend die Kochbananen zufügen. Mit Salz, Limettensaft und braunem Zucker abschmecken.

Zuletzt die Thunfischwürfel zum Curry geben, der Thunfisch soll beim Servieren innen noch roh sein. Die Pandanusblätter werden nicht mitgegessen. Zum Curry passt Duftreis.

Tipp: Die Blätter des Currybaums sind in der indischen, singhalesischen und maledivischen Küche sehr beliebt, vor allem für Currys. Daher kommt auch ihr Name, denn „Kari" heißt auf Tamil „Suppe" oder „Soße". Mit dem gelben Currypulver haben sie also nur den Namen gemeinsam. Du bekommst Curryblätter – und mit etwas Glück auch Pandanusblätter – frisch oder getrocknet im Asialaden.

- AUS DEN USA -

CHARLESTON CRAB CAKES

mit Creamed Corn

Soulfood, so nennt man die traditionelle Südstaatenküche der Afroamerikaner. Das vielleicht typischste Gericht, aber auch das mit dem zweifelhaftesten Ruf ist wohl Fried Chicken. Doch zum Glück gibt es viele Chefköche, die die klassischen Südstaatengerichte aus den Fängen der Fast-Food-Industrie befreien, indem sie auf zu viel Fett, Geschmacksverstärker sowie Convenience-Produkte verzichten und die Klassiker mit regionalen Bioprodukten neu interpretieren. Das Rezept für die Crab Cakes habe ich aus dem Restaurant Magnolias in der zauberhaften Südstaatenmetropole Charleston mitgebracht.

Für die Crab Cakes das Krebsfleisch gut abtropfen lassen bzw. etwas ausdrücken. Die Schalotten schälen, die Paprika putzen, von Samen und Scheidewänden befreien und beides fein würfeln. Schalotten, Paprika, Estragon und Mayonnaise in einer Schüssel mischen. Erst das Krebsfleisch, dann Eigelb und Panko unterheben. Mit Salz und Cayennepfeffer abschmecken.

Die Masse 10 Minuten ruhen lassen, damit sie etwas kompakter wird. Dann 10 Bällchen formen und diese etwas flach drücken. Auf einen Teller legen und 30 Minuten im Kühlschrank durchkühlen.

Etwas Öl in einer Pfanne erhitzen und die Crabcakes portionsweise bei mittlerer Hitze 3 Minuten pro Seite darin anbraten. Herausnehmen und auf Küchenpapier abtropfen lassen.

Für den Mais die Hälfte der Maiskörner mit 100 ml Milch pürieren. Zusammen mit den restlichen Zutaten in einen Topf geben und bei mittlerer Hitze 10 Minuten köcheln lassen. Der Mais soll noch bissfest sein. Mit Salz und weißem Pfeffer abschmecken und zusammen mit den Crab Cakes servieren. Wer möchte, bestreut die Crab Cakes noch mit etwas Kerbel oder Estragon.

Tipp: Krebsfleisch ist köstlich, aber nicht immer leicht zu bekommen. Du kannst es durch Flusskrebsfleisch ersetzen, das du fein hackst. Flusskrebsfleisch in Lake erhältst du in jedem gut sortierten Supermarkt.

ZUTATEN FÜR 4 PORTIONEN

Für die Crab Cakes (ca. 10 Stück)
400 g Krebsfleisch (frisch oder TK)
2 Schalotten
½ rote Paprikaschote
1 TL gehackter Estragon
3 EL Mayonnaise
1 Eigelb
75 g Panko (japanisches Paniermehl, alternativ: Semmelbrösel)
1 TL Meersalz
¼ TL Cayennepfeffer
Erdnussöl zum Braten

Für den Mais
400 g Mais (frisch oder TK)
250 ml Milch
1 EL Stärke, angerührt in 2 EL der Milch
1 Prise Zucker
Meersalz
weißer Pfeffer

Außerdem
Kerbel oder Estragon, nach Belieben

Südafrika

WAS FÜR EIN UNGLAUBLICH VIELFÄLTIGES LAND! Von der faszinierenden Tierwelt im Kruger National Park über die idyllische Garden Route mit ihren weitläufigen Stränden, zerklüfteten Felsen und bezaubernden Orten wie Plettenberg Bay bis zur wunderschönen Kap-Halbinsel mit Südafrikas einziger Pinguin-Kolonie am Boulders Beach. Nicht zu vergessen die beeindruckenden Ausblicke am Cape Point und dem Chapman´s Peak Drive, einer spektakulären Küstenstraße, die über dem Meer an steilen Felswänden klebt und sich in 114 Kurven von Noordhoek nach Hout Bay schlängelt.

So vielfältig wie die Landschaft, so bunt ist die Küche Südafrikas. Einflüsse aus der ganzen Welt haben sie geprägt. „Rainbow Cuisine" nennen das die Südafrikaner. Was wohl die allermeisten von ihnen vereint, ist ihre Liebe zum Braai. „Braai" ist Afrikaans für „Barbecue" – wobei man sich tunlichst davor hüten sollte, es vor einem Südafrikaner so zu nennen. Braai ist Braai. Braai ist Kultur, Gemeinschaft, Genuss. Auf den Grill kommen Boerewors, die „Burenwürste". Und natürlich jegliche Art von Steak.

Game, also Wild, ist ebenfalls allgegenwärtig in Südafrika. Selten habe ich besseres Fleisch gegessen. Wer die Möglichkeit hat, Springbock, Gemsbock oder Kudu zu probieren, sollte sich das auf keinen Fall entgehen lassen. Im Savoy Cabbage in Kapstadt stand sogar „Warthog" auf der Karte – also Warzenschwein. Und das schmeckt so viel besser, als es klingt!

Aber auch wer Seafood mag, wird Südafrika lieben. In der Lagune von Knysna, einem charmanten Städtchen an der Garden Route, wachsen zum Beispiel köstliche Austern, die man am besten ganz frisch in einer der kleinen Fischbuden am Wasser genießt. Mit einem Glas Sauvignon Blanc ein perfekter Lunch.

In Swellendam, der drittältesten Stadt Südafrikas, mit ihren strahlend weißen Häusern im kapholländischen Stil, kann man herrlich einen halben Tag verbummeln. Und anschließend im Old Gaol, dem ehemaligen Gefängnis, unter Kastanien im Garten sitzen, Rooibos trinken und Melktert essen, eine landestypische Tarte mit einer süßen Milchcremefüllung und einem Hauch Zimt.

Wer Wein mag, fährt von hier aus am besten gleich weiter in die Winelands. Die Weingüter des Dreiecks Stellenbosch | Paarl | Franschhoek gehören zu den bekanntesten Südafrikas. Und manche auch zu den besten. Besonders angetan haben es mir Tokara, Rustenberg, Delaire Graff und Boekenhoutskloof. Ein Name, den ich anfangs kaum aussprechen konnte, ohne einen Knoten in der Zunge zu bekommen. Und nein, da hatte ich noch nichts getrunken.

Wunderbar schlafen und noch wunderbarer essen kann man in Franschhoek. Das kleine Örtchen liegt malerisch inmitten der Weinberge im Franschhoek Tal. Und hat die – neben Kapstadt – vielleicht spannendste Gastronomieszene des Landes.

- AUS SÜDAFRIKA -

BOBOTIE

Dieser Auflauf ist Teil der kapmalaiischen Küche. Und darüber hinaus eines der wenigen Gerichte, das wirklich typisch für Südafrika ist. Wobei wahrscheinlich so ziemlich jede südafrikanische Familie ihr ganz eigenes Bobotie-Rezept hat. Manchmal spielen noch Bananen mit, ab und zu Ingwer oder Worcestershiresauce. Traditionell wird Bobotie mit einem süß-scharfen Mangochutney und mit „Geelrys" serviert. Dieser „gelbe Reis" wird mit Kurkuma gekocht und häufig mit Rosinen verfeinert.

ZUTATEN FÜR 4–6 PORTIONEN

1 Brötchen
50 g Mandelstifte
1 Apfel
2 Zwiebeln
2 Knoblauchzehen
2 EL Butter
1 TL Cayennepfeffer
2 EL mildes Currypulver
1 TL gemahlene Kurkuma
je 1 Prise Zimt, gemahlener Koriander, Kardamom und Kreuzkümmel
750 g Lammhackfleisch
3–4 EL Aprikosenmarmelade
3 EL Tomatenmark
2 EL Zitronensaft
50 g Rosinen
Meersalz
frisch gemahlener schwarzer Pfeffer
4 Lorbeerblätter
4 Eier
125 ml Milch

Den Backofen auf 180 °C vorheizen. Das Brötchen in Wasser einweichen. Die Mandeln in einer Pfanne ohne Fett rösten, bis sie duften. Herausnehmen und beiseitestellen. Den Apfel schälen, das Kerngehäuse entfernen und fein würfeln.

Zwiebeln und Knoblauch schälen und fein hacken. Die Butter in einer Pfanne zerlassen, Zwiebeln und Knoblauch bei geringer Hitze ca. 3 Minuten darin anbraten. Dann Cayennepfeffer, Currypulver, Kurkuma, Zimt, Koriander, Kardamom und Kreuzkümmel zugeben und kurz mitbraten. Das Hackfleisch zur Zwiebel-Gewürz-Mischung geben und braten, bis es bräunt und krümelig wird.

Das Brötchen ausdrücken, grob zerzupfen und zum Hackfleisch geben. Gut verrühren, dann Aprikosenmarmelade, Tomatenmark, Zitronensaft, Äpfel, Rosinen und 150 ml Wasser in die Pfanne geben. Alles gut vermengen. Mit Salz und Pfeffer kräftig abschmecken.

Die Hackfleischmasse in eine Auflaufform (ca. 28 x 22 cm) füllen und glatt streichen. Mit den Lorbeerblättern belegen und mit den Mandeln bestreuen. Eier und Milch verquirlen und über die Hackmasse gießen. Den Auflauf 20–25 Minuten im vorgeheizten Ofen backen.

Tipp: Statt Lammhackfleisch kannst du auch Rinderhack nehmen. Wer keine Rosinen mag, lässt sie einfach weg. Oder ersetzt sie durch getrocknete, gewürfelte Aprikosen. Oder gibt noch eine in Scheiben geschnittene Banane dazu, bevor das Bobotie in den Ofen wandert. Statt in einer großen Auflaufform kannst du den Auflauf auch portionsweise in kleinen Cocottes backen – dann einfach 5 Minuten kürzer im Ofen lassen.

Island

DAS LAND AUS FEUER UND EIS

Nordlichter am Himmel über Island.

Dieser Strand wird nicht umsonst „Diamond Beach" genannt.

ISLAND UND ICH, DAS WAR LANGE EINE UNERFÜLLTE LIEBE. Über 25 Jahre nachdem ich mich beim Schauen der Weihnachtsserie „Nonni und Manni" das erste Mal in das Land am Polarkreis verliebt habe, bin ich dann endlich dort. Im Land aus Feuer und Eis. Staunend stehe ich vor dem, was die rauen Kräfte der Natur geschaffen haben. Aktive Vulkane, brodelnde Schlammtöpfe, majestätische Gletscher, tosende Wasserfälle, bunte Berge, öde Felswüsten, endlose, leuchtend grün bemooste Lavafelder und schwarze Strände, an denen unzählige Eisblöcke funkeln – die Landschaften sind nichts weniger als atemberaubend.

Und kulinarisch? Nun, es leben 460.000 Schafe auf der Insel – sie sind gegenüber den rund 330.000 Einwohnern also deutlich in der Überzahl. Es kommt also traditionell viel Lamm auf den Teller. Aber die Isländer haben auch einige kulinarisch durchaus interessante Traditionen. Zum Beispiel Hákarl. Das ist – nüchtern betrachtet – eine Spezialität

aus dem fermentierten Fleisch des Grönlandhais. Der ist für den Menschen eigentlich gar nicht genießbar, weil er keine Nieren hat. Um den giftigen Harnstoff im Fleisch loszuwerden, wird der Hai wochenlang vergraben und darf in der Erde vor sich hin fermentieren. Dabei wird Ammoniak freigesetzt – und den riecht und schmeckt man dann auch. Wobei die meisten Isländer ihren Hákarl selten nüchtern betrachten, sie mögen ihn am liebsten mit ordentlich Brennivín, einem isländischen Schnaps, der übersetzt „schwarzer Tod" heißt. Wohl bekomm´s!

Und deshalb überlassen viele Isländer den Hákarl lieber den Touristen. Isländer lieben Fast Food. Und so gibt es an jeder noch so kleinen Tankstelle im Nirgendwo nicht nur Benzin, sondern auch Burger und Pizza.

Abseits von Gammelhai und Tankstellen-Burgern (die oft besser sind, als man vermuten würde) kann man in Island richtig gut essen. Humar zum Beispiel, was kein Hummer, sondern Kaisergranat ist. Kabeljau, der hier frisch aus dem Meer geholt wird und immer großartig schmeckt. Das süßlich schmeckende Roggenbrot Rúgbrauð, das traditionell in Töpfen in der heißen Erde der geothermalen Gebiete gebacken wird und am besten mit Butter und Trockenfisch schmeckt. Snúður, die isländische Version der Zimtschnecke. Oder Kleinur, die typisch isländischen Schmalzkuchen.

In Reykjavík und Akureyri, den beiden großen Städten des Landes, gibt es auch eine ganz junge, lebendige Gastro-Szene. Restaurants wie das mit einem Stern

Auf der Halbinsel Snæfellsnes liegt die kleine Kirche von Hellnar.

dekorierte Dill, das Matur og Drykkur oder das Strikið interpretieren die isländische Küche aufregend und neu. New Icelandic Cuisine quasi. Und falls du einmal auf der Halbinsel Snæfellsnes bist, was ich dir sowieso sehr ans Herz legen kann, dann fahr zum Abendessen nach Grundarfjörður. Am Fuß des Kirkjufell, des wahrscheinlich meistfotografierten Berges der ganzen Insel, liegt versteckt im Hafen das Bjargarsteinn Mathús. Die Speisekarte ist vom Koch liebevoll handgezeichnet, der Service ist so herzlich, dass man sich wie zu Hause fühlt – und das Essen so gut, dass man selbst dann noch einen Rhabarber-Crumble mit Lakritzeis zum Dessert bestellt, wenn man eigentlich gar nicht mehr kann.

Zum Abschluss eines Island-Urlaubs geht es für mich immer zu Bryggjan, einem kleinen Café am Hafen von Grindavik. Dort gibt es Humarsúpa, eine cremige Suppe aus Kaisergranat. Nachschlag inklusive.

- AUS ISLAND -

HUMARSÚPA –

Kaisergranat-Suppe mit Dulse

Bei der überaus köstlichen, cremigen Humarsúpa handelt es sich mitnichten um eine Hummersuppe. Humar – so heißen Kaisergranate (im Italienischen Scampi genannt) auf Isländisch – sind dem Hummer sehr ähnlich, aber viel kleiner. Ihre Scheren sind lang und schlank und nicht so gedrungen und kräftig wie Hummerscheren. Kaisergranate werden im Atlantik vor der isländischen Küste gefangen, vor allen in den Gewässern rund um die „Humar-Hauptstadt" Höfn im Süden des Landes.

Die Kaisergranate auslösen: Dazu erst Scheren und Kopf abdrehen, dann den Schwanz zusammendrücken, aufbrechen und das Fleisch auslösen. Mit einem Messer den Darm ziehen. Das Kaisergranatfleisch beiseitestellen, die Karkassen zerkleinern, indem du mit einem Topf oder Hammer kräftig daraufschlägst.

Karotten, Sellerie, Zwiebel und Knoblauch schälen und fein würfeln. 1 EL Butterschmalz in einem großen Topf zerlassen und die Karkassen darin unter Rühren ca. 5 Minuten anrösten. Gemüse und Tomatenmark zufügen und weitere 3 Minuten mitrösten. Alles mit Mehl und Currypulver bestäuben, dann mit Weißwein ablöschen und die Flüssigkeit bis auf einen kleinen Rest verkochen lassen. Mit passierten Tomaten und Fischfond auffüllen, Lorbeer zugeben, mit Salz und Pfeffer würzen und 1 Stunde abgedeckt bei geringer Hitze köcheln lassen.

Die Suppe durch ein feines Sieb in einen sauberen Topf gießen. Die Hälfte der Sahne zufügen und alles noch 5–10 Minuten bis zur gewünschten Konsistenz einkochen lassen.

Die restliche Sahne mit 1 TL Currypulver steif schlagen. Den zweiten EL Butterschmalz in einer Pfanne erhitzen, die Kaisergranatschwänze darin bei geringer Hitze von jeder Seite 2 Minuten anbraten.

Zum Anrichten die Suppe in Schüsseln geben, die gebratenen Kaisergranate darauf verteilen und jede Portion mit 1 EL geschlagener Currysahne und etwas Dulse toppen.

Tipp: Dulse, auch Lappentang genannt, ist eine Rotalge aus dem Atlantik, die auf Island auch frisch angeboten wird. Wird sie gebraten, erinnert sie vom Geschmack her an Bacon. Hierzulande bekommst du Dulse eher getrocknet, z. B. in Form von Flakes. Wie alle Algen enthält auch Dulse reichlich Mineralstoffe und Spurenelemente. Alternativ kannst du die Suppe mit gehacktem Schnittlauch oder etwas Dill bestreuen.

ZUTATEN FÜR 4 PORTIONEN

1 kg Kaisergranate
2 Karotten
¼ Knollensellerie
1 Gemüsezwiebel
2 Knoblauchzehen
2 EL Butterschmalz
2 EL Tomatenmark
2 EL Mehl
1 EL mildes Currypulver, plus 1 TL für die Currysahne
250 ml trockener Weißwein
250 ml passierte Tomaten
1,5 l Fisch- oder Krustentierfond
2 Lorbeerblätter
Meersalz
frisch gemahlener schwarzer Pfeffer
350 ml Sahne
2 TL getrocknete Dulse-Flakes (Rotalge, siehe Tipp)

Geborgenheit

HOME IS WHERE YOUR LIEBLINGSESSEN IS.

Es gibt Gerichte, die wärmen nicht nur den Magen, sondern auch das Herz. Weil sie nach zu Hause schmecken. Nach Kindheit. Nach der liebevollen Umarmung von Mama. Als ich direkt nach dem Abitur zum Studium vom beschaulichen Nürnberg in das aufregende Berlin gezogen bin, hatte ich nicht nur viele gute Ratschläge meiner Mutter und einen Teddybären mit grünen Socken im Gepäck, sondern auch ein Karteikästchen, randvoll mit ihren Rezepten.

Mamas Kartoffelsuppe und ihre Bolognese haben mich sanft durch so manche Heimweh-Momente geleitet.

Wenn auch ihre Zubereitung nicht immer ganz einfach war. Denn wie das bei Mama-Rezepten so ist, wird auf konkrete Mengenangaben zugunsten der Maßeinheiten „ein Spritzer“, „ausreichend“ oder „nach Gefühl“ verzichtet.

Auf den nächsten Seiten nehme ich dich mit zu den Geschmäckern meiner Kindheit. Es sind Rezepte, die meiner Seele guttun. Und deiner hoffentlich auch! Den allermeisten Rezepten habe ich meinen eigenen kleinen Twist verpasst. So nehme ich für den Sauerbraten Kalbsbäckchen statt zum Beispiel Rinderschulter. Die Fischstäbchen werden durch Panko-Mehl besonders knusprig. Ente, Blaukraut und Klöße kommen asiatisch daher. Und zu guter Letzt geht´s auf Zeitreise in die Achtziger: mit dem guten, alten Klatschbrötchen.

SAUERBRATEN VOM KALBSBÄCKCHEN

mit Brezenknödeln

Eine der Zutaten, die ich in schöner Regelmäßigkeit aus Nürnberg mitbringe, sind Soßenlebkuchen. Du kannst sie aber auch online bestellen. Sie verleihen dem Sauerbraten seinen charakteristischen Geschmack. Meine Version dieses fränkischen Klassikers lehnt sich eng an Mamas Originalrezept an – ich bereite ihn allerdings mit Kalbsbäckchen zu.

ZUTATEN FÜR 4 PORTIONEN

Für die Beize
4 Kalbsbäckchen (ca. 1,5 kg)
2 Zwiebeln
1 Apfel
10 Trockenpflaumen
3 Soßenlebkuchen
400 ml Rotwein
200 ml Rotweinessig
3 Lorbeerblätter
8 Wacholderbeeren
8 Pimentkörner
5 Pfefferkörner
5 Nelken
1 Zimtstange
1 EL Meersalz

Für den Braten
Fleisch und Beize (s.o.)
1 Petersilienwurzel
1 Karotte
¼ Knollensellerie
2 EL Butterschmalz
2 EL Johannisbeergelee
1 EL Roh-Rohrzucker
Meersalz
frisch gemahlener schwarzer Pfeffer

Für die Brezenknödel
250 g altbackene Brezen
1 kleine Zwiebel
1 EL Butter
250 ml Buttermilch
2 Eier
2 EL gehackte Blattpetersilie
Meersalz

Die Kalbsbäckchen parieren, das heißt von überschüssigem Fett und Silberhaut befreien. Zwiebeln und Apfel schälen und würfeln. Die Trockenpflaumen halbieren. 2 Soßenlebkuchen würfeln. Alle Zutaten für die Beize mit 400 ml Wasser mischen und die Bäckchen hineingeben. Abgedeckt im Kühlschrank mindestens 48 Stunden beizen. 72 Stunden wären besser.

Die Bäckchen aus der Beize nehmen und abtupfen. Das Gemüse putzen und grob würfeln. Butterschmalz in einem Schmortopf erhitzen und die Bäckchen darin bei mittlerer Hitze von allen Seiten anbraten. Das Gemüse zugeben und ebenfalls anbraten. Mit der Beize ablöschen und abgedeckt bei 140 °C 3 Stunden schmoren.

Für die Knödel die Brezen von überschüssigem Salz befreien und in knapp 1 cm große Würfel schneiden. Die Zwiebel schälen und fein hacken. Die Butter in einer Pfanne erhitzen und die Zwiebel 5 Minuten farblos darin andünsten. Die Zwiebel mit der Buttermilch mischen und über die Brezenwürfel gießen. Die Eier verquirlen, mit Petersilie und Pfeffer vermengen und ebenfalls über die Brezenwürfel gießen. Alles gut mischen und 45 Minuten ziehen lassen.

Zwei Stücke Alufolie und zwei gleich große Stücke Frischhaltefolie bereitlegen. Die Hälfte der Knödelmasse auf einem Stück Frischhaltefolie verteilen und fest zu einer Rolle von ca. 4 cm Durchmesser aufrollen. Die Alufolie darumwickeln, die Enden dabei verdrehen. Die zweite Hälfte genauso zu einer Knödelrolle formen. Beide Rollen in simmerndem Wasser 45 Minuten gar ziehen lassen. Herausnehmen, Folie entfernen und Knödel in Scheiben schneiden.

Nach der Garzeit die Bäckchen herausnehmen, dann die Soße fertigstellen: Dazu die Schmorflüssigkeit durch ein Spitzsieb gießen und mit einem Stößel gründlich ausdrücken. Die Soße in einem Topf zurück auf den Herd stellen. Den übrigen Soßenlebkuchen zerkrümeln und 10 Minuten in der Soße mitkochen lassen, dann Johannisbeergelee unterrühren und alles mit dem Pürierstab pürieren. Mit Zucker, Salz und Pfeffer abschmecken.
Die Kalbsbäckchen langsam in der Soße erhitzen. Mit Knödeln und Preiselbeerkompott servieren.

PASTA MIT RAGÙ

auf meine Art

Unzählige Sommer meiner Kindheit haben wir auf einem Campingplatz an der Adria verbracht. Spaghetti al Ragù gehörten da genauso dazu wie das Sandburgenbauen und der „Bello-coco-coco-bello" rufende Kokosnussverkäufer am Strand. Und auch zu Hause waren Mamas Spaghetti Bolognese ein Dauerbrenner auf dem Mittagstisch. Für meine Pasta mit Ragù nehme ich Ossobuco, also Scheiben von der Kalbshaxe. Die werden mit Wurzelgemüse und San-Marzano-Tomaten ganze drei Stunden lang geschmort. Natürlich kannst du die Pasta zum Ragù selbst machen – es spricht aber in meinen Augen gar nichts dagegen, hochwertige Pasta fertig zu kaufen.

Den Backofen auf 150 °C vorheizen.

Zwiebeln, Knoblauch, Karotten und Sellerie schälen, dann würfeln. Die Hähnchenleber putzen, von Sehnen und Häutchen befreien und fein hacken. Die Kalbshaxenscheiben leicht mit Mehl bestäuben. Einen gusseisernen Topf mit Butterschmalz und Öl erhitzen. Die Haxenscheiben darin anbraten, bis sie Farbe genommen haben. Herausnehmen und im Bratfett Gemüse und Leber anrösten.

Die Haxenscheiben zurück in den Topf legen und mit Weißwein ablöschen. Auf die Hälfte reduzieren lassen, dann Fond, Milch, Tomaten, Thymian, Rosmarin, Lorbeer, Piment, Zucker, Salz und Pfeffer zugeben. Den Deckel daraufsetzen und 3 Stunden in den Ofen geben, in den letzten 30 Minuten den Deckel abnehmen.

Nach 3 Stunden testen, ob sich das Fleisch schon leicht mit einer Gabel vom Knochen rupfen lässt. Wenn nein, noch etwas weiterschmoren. Wenn ja, die Beinscheiben herausnehmen und das Fleisch abzupfen, dabei Sehnen und Fett entfernen. Das Knochenmark mit einem Löffel aus den Knochen holen und unter die Soße rühren. Die Gemüsestücke in der Soße mit dem Rücken eines breiten Löffels zerdrücken. Dann das Pulled Ossobuco zur Soße in den Topf geben. Mit Salz, Pfeffer und vielleicht noch etwas Zucker abschmecken.

Warm halten und währenddessen die Pasta in einem großen Topf mit mindestens 4 Litern kochendem Salzwasser al dente kochen.

Abgießen, dann Pasta und Soße auf Tellern anrichten, jede Portion mit Zitronenabrieb, Petersilie und Parmesan bestreuen.

Tipp: Das Ragù am Vortag zubereiten, denn aufgewärmt schmeckt es gleich noch mal so gut. Wer keine Hähnchenleber mag, lässt sie einfach weg.

ZUTATEN FÜR 4 GROSSE PORTIONEN

150 g Zwiebeln
2 Knoblauchzehen
200 g Karotten
250 g Knollensellerie
300 g Hähnchenleber
4 Kalbshaxenscheiben à 300 g
1–2 EL Mehl zum Bestäuben
25 g Butterschmalz
25 ml hoch erhitzbares Öl (z. B. Erdnussöl)
200 ml trockener Weißwein
500 ml Kalbs- oder Rinderfond
100 ml Milch
1 Dose San-Marzano-Tomaten (à 800 g)
3 Thymianzweige
1 Zweig Rosmarin
3 Lorbeerblätter
6 Pimentkörner, gemörsert
1 TL Zucker, plus etwas zum Abschmecken
Meersalz
frisch gemahlener schwarzer Pfeffer
400 g Pappardelle oder Tagliatelle

Außerdem
Abrieb von 1 Bio-Zitrone
1 Bund Petersilie, fein gehackt
150 g Parmesan, frisch gerieben

KLATSCHBRÖTCHEN DELUXE

Es gibt viele Dinge, die kann ich mir heute gar nicht mehr richtig vorstellen. Dass es einst zwei deutsche Staaten gab zum Beispiel. Dass ich früher keine Rote Bete mochte. Und dass es eine Zeit gab, in der man sich in der Schulpause erst für 40 Pfennig einen nach Brühe schmeckenden Kakao aus dem Automaten ziehen und für weitere 80 Pfennig beim Hausmeister ein Klatschbrötchen kaufen konnte. Ja! Weißmehlbrötchen mit Schoko-Schaumkuss. So waren sie, die Achtziger. Und weil die ja wieder schwer angesagt sind, bring ich euch das good old Klatschbrötchen zurück. Natürlich selbst gemacht!

ZUTATEN FÜR 4 PORTIONEN

Für die Schokoküsse (ca. 15 Stück)
1 Blatt Gelatine
150 g Zucker
100 g Eiweiß
300 g dunkle Kuvertüre
15 runde, dünne Waffeln
(ca. 5 cm Durchmesser)

Für die Brötchen (8 Stück)
7 g frische Hefe
200 ml lauwarmes Wasser
500 g Weizenmehl Type 550
100 ml Milch
10 g Butter
5 g Zucker
12 g Meersalz

Außerdem
Spritzbeutel mit runder Tülle

Für die Schokoküsse die Gelatine in kaltem Wasser einweichen. Zucker und 30 ml Wasser in einem Topf aufkochen, bis sich der Zucker komplett gelöst hat. Der Sirup sollte eine Temperatur von 120 °C haben. Während der Zuckersirup kocht, das Eiweiß in einer Schüssel aufschlagen, bis sich erste Spitzen formen. Sobald der Zuckersirup heiß genug ist, in einem dünnen Strahl zum Eiweiß gießen. Dabei immer auf hoher Stufe weiterschlagen, bis die Masse fest und glänzend ist.

Die Gelatine ausdrücken und in einem kleinen Topf bei geringer Hitze schmelzen. Dann 3 EL der Baisermasse zur warmen Gelatine geben und gut verrühren. Diese Mischung zum restlichen Baiser geben, alles gut vermengen und 30 Minuten im Kühlschrank ruhen lassen.

Die Kuvertüre schmelzen und die gekühlte Baisermasse in einen Spritzbeutel mit runder Lochtülle füllen. Auf jede Waffel einen Baiserberg setzen. Die Kuvertüre esslöffelweise über die Baisers fließen lassen. Im Kühlschrank fest werden lassen.

Für die Brötchen die Hefe im Wasser auflösen. Mit den restlichen Zutaten in eine Schüssel geben und 15 Minuten in der Küchenmaschine auf niedriger Stufe kneten, bis ein geschmeidiger Teig entstanden ist. Die Schüssel abdecken und den Teig 90 Minuten bei Zimmertemperatur gehen lassen. Dann den Teig nochmals kurz mit der Hand durchkneten, in 8 Stücke teilen, jedes zu einem runden Teigling formen und mit einem scharfen Messer oder einer Rasierklinge kreuzförmig einschneiden. Auf Backpapier setzen und mit einem Küchentuch abgedeckt im Kühlschrank ca. 10 Stunden gehen lassen. Am nächsten Tag die Teiglinge 1 Stunde Raumtemperatur annehmen lassen. Den Backofen auf 230 °C vorheizen und die Brötchen mit Dampf 20 Minuten backen. (Alternativ eine ofenfeste Form mit Schrauben füllen und auf den Ofenboden stellen. Sobald die Brötchen im Ofen sind, vorsichtig etwas Wasser auf das heiße Metall spritzen, sodass sich Dampf entwickelt.) Ein Brötchen aufschneiden, einen Schokokuss auf die untere Hälfte legen, die obere daraufsetzen – und einmal herzhaft zuklatschen!

Tipp: Für Baisers eignen sich ältere Eiweiße überraschenderweise besser als ganz frische, denn sie lassen sich besser aufschlagen. Übrigens, die selbst gemachten Schokoküsse schmecken so lecker, dass ich im Rezept gleich die doppelte Menge angegeben habe – sicher ist sicher…

FISCHSTÄBCHEN

mit Skyr-Kartoffelbrei, Spinat & grüner Mayo

Lieblings-Kindermittagessen reloaded! Die Fischstäbchen kommen im Gegensatz zu früher aber nicht aus dem Karton, sondern werden mit Panko zubereitet. Dieses japanische Paniermehl macht Paniertes besonders knusprig. Dazu gibt es einen fluffigen Kartoffelbrei, der durch einen Klecks Skyr besonders frisch schmeckt. Fürs Grün ist eine selbst gemachte Mayo zuständig und statt Rahmspinat, diesem schlotzigen Schrecken meiner Kindheit, wird junger, frischer Babyspinat mit etwas Zitronensaft und Olivenöl mariniert. Sorry, Mama!

ZUTATEN FÜR 4 PORTIONEN

Für den Kartoffelbrei
800 g Kartoffeln (vorwiegend festkochend oder mehlig)
Meersalz
150 ml Milch
25g Butter
150 g Skyr

Für die grüne Mayo
25 g Basilikumblätter
200 ml neutrales Öl (z. B. Rapsöl)
1 Eigelb
½ TL Senf
1 EL Zitronensaft
50 g Skyr
Meersalz

Für den marinierten Spinat
200 g Babyspinat
8 EL Zitronensaft
2 EL Ahornsirup
4 EL Olivenöl
Meersalz
frisch gemahlener schwarzer Pfeffer

Für die Fischstäbchen
800 g Kabeljaufilet
Meersalz
Saft von ½ Zitrone
50 g Mehl
2 Eier, verquirlt
125 g Panko (japanisches Paniermehl)
60 g Butterschmalz

Für den Kartoffelbrei die Kartoffeln schälen, grob würfeln und in reichlich Salzwasser weich kochen. Das Wasser abgießen und die Kartoffeln offen auf dem Herd ausdampfen lassen. Milch und Butter erhitzen, zu den Kartoffeln geben und alles mit dem Quirl des Handrührers zu einem fluffigen Kartoffelbrei verarbeiten. Zuletzt den Skyr unterrühren. Mit Salz abschmecken und bis zum Servieren warm halten.

Für die grüne Mayo die Basilikumblätter waschen und in kochendem Wasser 20 Sekunden blanchieren. In Eiswasser abschrecken, ausdrücken, fein hacken und zusammen mit dem Öl fein pürieren. Eigelb, Senf und Zitronensaft in einen schmalen, hohen Mixbecher geben. Mit dem Pürierstab vermischen. Dann das grüne Öl in einem dünnen Strahl einlaufen lassen, dabei den Stab langsam nach oben ziehen, sodass die Mayonnaise emulgiert. Zuletzt den Skyr unterrühren und mit etwas Salz abschmecken.

Für den marinierten Spinat den Babyspinat waschen und trocken schleudern. Aus den restlichen Zutaten ein Dressing rühren und den Spinat damit marinieren.

Für die Fischstäbchen den Fisch waschen, trocken tupfen und in 2 cm breite und 10 cm lange Streifen schneiden. Salzen und mit etwas Zitronensaft beträufeln. Mehl, Eier und Panko separat in flache Schälchen geben. Die Fischstäbchen zuerst in Mehl, dann in Ei und zum Schluss im Panko wenden. Das Panko gut festdrücken. Das Butterschmalz in einer Pfanne erhitzen und die Fischstäbchen darin portionsweise von jeder Seite 2 Minuten goldbraun braten. Auf Küchenpapier abtropfen lassen.

Je einen Schlag Kartoffelbrei auf den Teller geben, dazu etwas Spinat, einen Klecks Mayo und zwei Fischstäbchen.

Tipp: Für ein besonders seidiges Püree die Kartoffeln durch eine Kartoffelpresse drücken.

ENTE MIT BLAUKRAUT & KLÖßEN

auf asiatische Art

Ente, Blaukraut und Klöße – das ist für mich allerbestes weihnachtliches Comfort Food. In den übrigen 51 Wochen des Jahres kommt dieses unschlagbare Trio auf eine ziemlich wilde asiatische Crossover-Art auf den Tisch: als Bao, chinesische Hefeteigklöße.

ZUTATEN FÜR 8 BAO

Für die Entenfüllung

2 Entenkeulen
1 TL 5-Gewürze-Pulver
1 TL Sesamöl
5 EL Sojasoße
2 EL Hoisinsoße (Fertigprodukt)
150 ml Sake oder Sherry
1 Stück Ingwer (1 cm), geschält und fein gehackt
½ rote Chilischote, in feinen Ringen

Für die Bao-Buns

15 g frische Hefe
350 g Mehl
1 TL Backpulver
3 EL Pflanzenöl
2 EL Zucker
1 Prise Meersalz

Für das Gewürz-Blaukraut-Gel

½ Kopf Blaukraut
1 Stück Ingwer (3 cm), geschält
1 Zimtstange, 4 Nelken &
1 Sternanis
1 Prise Meersalz
2 g Agar-Agar

Für das Orangen-Chili-Blaukraut

350 g Blaukraut
Je 1 TL Zucker und Meersalz
50 ml Orangensaft
2 EL Reisessig
½ rote Chilischote, in feinen Ringen

Den Backofen auf 140 °C vorheizen. Für die Entenfüllung die Haut der Entenkeulen entfernen und beiseitestellen. Die Keulen mit dem 5-Gewürze-Pulver bestreuen. Die Keulen in Sesamöl in einem Schmortopf von allen Seiten anbraten, dann die restlichen Zutaten sowie 50 ml Wasser zugeben und abgedeckt im Ofen gute 2 Stunden schmoren. Die Keulen herausnehmen und das Fleisch mit zwei Gabeln von den Knochen rupfen. Die Schmorflüssigkeit sirupartig einkochen. Entenfleisch und Schmorsirup vermengen.

Für die Bao die Hefe in 175 ml lauwarmem Wasser auflösen. Mit den restlichen Zutaten in der Küchenmaschine 5 Minuten zu einem glatten Teig kneten. Abgedeckt 1 Stunde gehen lassen. Einen Bogen Backpapier in 8 Quadrate schneiden. Dann den Teig in 8 gleich große Stücke teilen. Jedes Teigstück ca. handtellergroß ausrollen, mit 1 gehäuften EL Entenfüllung belegen und den Teig um die Füllung schließen. Wasser in einem großen Topf zum Sieden bringen, einen Dämpfeinsatz daraufsetzen und jeden Bao auf einem Stück Backpapier hineinlegen. Deckel auflegen und die Klöße 20–25 Minuten dämpfen.

Für das Gel Blaukraut und Ingwer entsaften und 300 ml Flüssigkeit abmessen. Mit den Gewürzen in einem Topf erhitzen und 10 Minuten bei geringer Hitze ziehen lassen. Gewürze entfernen, Agar-Agar einrühren und 2 Minuten kochen lassen. Im Kühlschrank fest werden lassen. Das feste Gelee dann in einen Mixbecher geben und mit dem Pürierstab aufmixen, anschließend durch ein Haarsieb streichen und in eine Spritzflasche füllen.

Für das Orangen-Chili-Blaukraut den Kohl in feine Streifen schneiden und mit Zucker und Meersalz verkneten. 10 Minuten stehen lassen, dann die restlichen Zutaten zugeben und gut vermengen.

Die Entenhaut in einer Pfanne langsam knusprig braten, dabei mit einem Topf beschweren. Herausnehmen, auf Küchenpapier abtropfen lassen, salzen und in kleine Würfel schneiden.

Zum Anrichten Tupfen vom Blaukraut-Gel auf einen Teller setzen. In die Mitte etwas mariniertes Blaukraut geben und je einen Bao darauflegen. Mit mariniertem Blaukraut und den Croûtons von der Entenhaut bestreut servieren.

MEIN LIEBSTES BUTTERBROT

mit aufgeschlagener brauner Butter

Ein Leben ohne gutes Brot? Möglich. Aber sinnlos. Für mich gibt es kaum einen schöneren Duft als den von frisch gebackenem Brot. Er erinnert mich an die Backtage beim Bäcker meiner Kindheit, an denen wagenradgroße Bauernbrote aus dem traditionellen Holzbackofen gezogen wurden. Und auch heute noch ist es um mich geschehen, sobald der Duft von frisch gebackenem Brot durch die Wohnung zieht. Auch wenn alle Rezepte dazu raten, das Brot nach dem Backen erst auskühlen zu lassen, ich kann nicht anders, als es gleich ofenwarm anzuschneiden. Obendrauf dann nur noch etwas gute Butter – mehr braucht es doch gar nicht für ein echtes Wohlfühlessen. Oder?

ZUTATEN

Für das Brot
900 g Dinkelmehl, plus etwas zum Verarbeiten
18 g Meersalz
10 g frische Hefe
1 TL Zucker
625 ml warmes Wasser

Für die aufgeschlagene braune Butter
250 g Butter
Fleur de Sel

Für das Brot Dinkelmehl und Salz in einer großen Schüssel mischen. Hefe und Zucker im Wasser auflösen. Die Hefe-Wasser-Mischung zum Mehl geben und mit den Knethaken des Handrührers oder in der Küchenmaschine 15 Minuten zu einem geschmeidigen Teig kneten.

Die Schüssel abdecken und den Teig an einem warmen Ort (zum Beispiel an der Heizung) 2 Stunden gehen lassen. Sein Volumen sollte sich etwa verdoppelt haben.

Den Backofen auf 220 °C (Umluft) vorheizen und einen ofenfesten Topf mit Deckel 30 Minuten darin aufheizen.

Den reichlich klebrigen Teig auf der bemehlten Arbeitsfläche gut durchkneten, dabei immer wieder mit Mehl bestäuben. Dann zu einem runden Laib formen und in den heißen Topf gleiten lassen. Die Oberfläche des Brotes mit einem spitzen Messer einritzen und den Deckel schließen. 30 Minuten im vorgeheizten Ofen backen. Dann den Deckel abnehmen und das Brot weitere 20 Minuten backen. Das Brot ist fertig, wenn es beim Klopfen an die Unterseite hohl klingt.

Die Butter in einem Topf zum Kochen bringen und so lange bei geringer Hitze köcheln lassen, bis sie bräunt und sich ein nussiger Duft verbreitet. Durch ein Haarsieb in eine Schüssel gießen und im Kühlschrank fest werden lassen. Die kalte braune Butter in der Küchenmaschine oder mit dem Schneebesen des Handrührers 5–8 Minuten aufschlagen, bis sie weiß und cremig ist. Mit Fleur de Sel zum frisch gebackenen, noch lauwarmen Brot servieren.

Tipp: Eine besonders rösche Kruste bekommt das Brot, wenn du es mit Dampf backst, sobald du den Deckel abgenommen hast. Wie das geht erkläre ich dir auf Seite 101.

REINECLAUDEN-COBBLER

Warme Aufläufe haben etwas ungemein Tröstliches. Dieser Cobbler mit Reineclauden ist für mich fast so tröstlich wie das sündhaft teure Paar Schuhe mit der roten Sohle, für das ich vor vielen Jahren ein kleines Vermögen ausgegeben habe. Es war übrigens der größte Fehlkauf meines Lebens, denn laufen kann ich in ihnen nicht. Ich liebe sie trotzdem sehr. Fast so sehr wie diesen warmen Cobbler. Passenderweise heißt das Wort übersetzt „Flickschuster" – und meint einen flugs zusammengeschusterten Auflauf aus Früchten, die mit Teig bedeckt und gebacken werden.

ZUTATEN FÜR 1 AUFLAUFFORM (CA. 18 X 25 CM)

750 g Reineclauden
200 g Dinkelmehl
1 gestrichener TL Backpulver
1 Prise Meersalz
100 g kalte Butter, in Würfeln
70 g Zucker
120 ml Buttermilch

Den Backofen auf 175 °C (Umluft) vorheizen.

Die Reineclauden putzen, entsteinen, vierteln und in eine Auflaufform geben.

Mehl, Backpulver und Salz mischen. Die kalte Butter mit der Mehlmischung verkneten, das geht am besten mit den Fingern. Ist die Masse krümelig, den Zucker unterkneten. Dann die Buttermilch zugießen und mit einem Kochlöffel rasch zu einem zähen Teig verkneten.

Den Teig in großen Klecksen auf dem Obst verteilen. Die Auflaufform in den vorgeheizten Ofen geben und ca. 40 Minuten backen, bis der Teig schön braun und knusprig ist.

Warm servieren.

Tipp: Der Cobbler schmeckt auch toll mit Pflaumen, Aprikosen, Nektarinen oder Pfirsichen.

FRÄNKISCHES KIRSCHENMÄNNLA

Erst streichelt der süße Duft von Zimt und Nelken die Nase, dann schmeckt es nach Kindheit und man fühlt sich sofort in Omas Küche zurückversetzt. Comfort Food (und übrigens nicht Soulfood, denn damit ist die typische Südstaatenküche gemeint) nennt man das in Amerika. In Franken nennt man das: Kirschenmännla – und zwar nach dem Original-Rezept meiner Oma. So, wie es auch meine Mama heute noch backt. Kein Twist. Keine Neuinterpretation. Denn manche Dinge sind einfach perfekt so, wie sie sind.

ZUTATEN FÜR 4 PORTIONEN

4 altbackene helle Brötchen
175 ml Milch
2 Eier
1 TL Zimt
1 Prise gemahlene Nelken
3 EL Zucker
300 g Kirschen, entsteint
Butter für die Form und ein paar Butterflöckchen zum Bestreuen

Den Backofen auf 150 °C (Umluft) vorheizen.

Die Brötchen in dünne Scheiben schneiden und in eine Schüssel geben.

Milch, Eier, Zimt, Nelken und Zucker verquirlen und über die Brötchen gießen. 15 Minuten stehen lassen, bis alles gut durchgezogen ist. Dann die Kirschen und gegebenenfalls den Saft, der beim Entsteinen entstanden ist, zugeben und alles gut vermengen.

Eine Auflaufform buttern und die Masse einfüllen. Ein paar Butterflöckchen obendrauf geben und ca. 40 Minuten in den vorgeheizten Ofen schieben.

Am allerbesten noch lauwarm genießen. Ich mag mein Kirschenmännla am liebsten mit etwas Zimt und Zucker bestreut. Es spricht aber auch nichts dagegen, es mit Puderzucker und einem Schlag halbsteif geschlagener Kardamomsahne zu servieren. Oder mit einer Kugel Vanilleeis.

Tipp: Das Kirschenmännla kannst du auch mit TK-Kirschen zubereiten. Für akute Kirschenmännla-Lust entsteine ich Süßkirschen in der Saison und friere sie dann ein. Einfach auftauen lassen, bevor sie in den Teig wandern. Den dabei entstehenden Saft auf keinen Fall wegschütten, sondern mit zum Teig geben.

Sag mir, wie du isst – und ich sag dir, wer du bist.

Wir essen nicht einfach nur vegetarisch. Wir sind Vegetarier. Und haben dann meist noch einen ganzen Lifestyle im Gepäck. Längst hat die individuelle Ernährung eine Ausweisfunktion in unserem Leben eingenommen.

Vielleicht ist unsere Ernährungsweise eine der letzten Möglichkeiten, sich in unserer grenzenlosen Welt überhaupt noch voneinander abzugrenzen. Vorbei die Zeiten, in denen man ungefragt einen Topf Spaghetti Bolognese auf den Tisch stellen konnte. Fleisch! Gluten! Kohlenhydrate! Fett! Histamin! Zum Glück ist im Parmesan wenigstens keine Laktose enthalten. Also frage ich lieber vorher nach: Low Carb? Paleo? Vegan? Clean Eating? Ketogene Ernährung? HCLF (ausgesprochen: High Carb Low Fat)? Und frage mich ganz oft: *Essen wir wirklich noch, was wir mögen? Oder mögen wir, wie wir uns ernähren?*

Versteh mich nicht falsch, ich finde es natürlich überhaupt nicht schlimm, wenn sich jemand auf eine bestimme Art ernährt. Ich finde es aber ziemlich schlimm, wenn wir nicht nur selbst nach unseren Ernährungsregeln leben – sondern dem scheinbar unwiderstehlichen Drang nachgeben, die Menschen um uns herum zu missionieren. Wo man auch hinschaut – erhobene moralische Zeigefinger allerorten, Ernährungstipps von hier bis Panama. Und jeder weiß, wie´s richtig geht. Vor allem weiß es jeder andere besser. Denn wie man´s macht, macht man´s falsch. „Waas, du isst kein Fleisch?“ – empören sich die Anhänger der Paleo-Ernährung, deren Ernährungsstil sich an den Jägern und Sammlern der Altsteinzeit orientiert. „Waaas, du isst noch Fleisch?“ – empören sich die Veganer. Und die Liste der Empörung ließe sich beliebig fortsetzen: Waaas, du kaufst nicht nur Bio? Waaas, du isst noch Kartoffeln? Waas, du schüttest noch Kuhmilch ins Müsli? Essen ist zur Religion geworden. Heilsversprechen inklusive. Und immer öfter beschleicht mich das Gefühl, dass ein Seitensprung in manchen Kreisen mittlerweile akzeptierter ist als ein Weißmehlbrötchen mit Zwiebelmett.

Klar, in einer immer unübersichtlicher werdenden Welt suchen wir nach Identität und Orientierung. Die Einteilung in gute und böse Lebensmittel bringt Ordnung ins Leben. Und schafft ein trügerisches Gefühl von Kontrolle. Aber mit der Kontrolle über unsere Ernährung gewinnen wir am Ende des Tages noch lange keine Kontrolle über unsere Existenz.

Wie wäre es mit etwas weniger Verbissenheit? Und etwas mehr Gelassenheit? Denn eigentlich ist es doch ganz einfach: frisch einkaufen, frisch kochen – und mit Freude genießen. Denn – ich kann es gar nicht oft genug sagen – Essen, das man mit Freude und ohne schlechtes Gewissen genießt, tut der Seele gut.

Freundschaft

NOTHING BRINGS PEOPLE TOGETHER
LIKE GOOD FOOD.

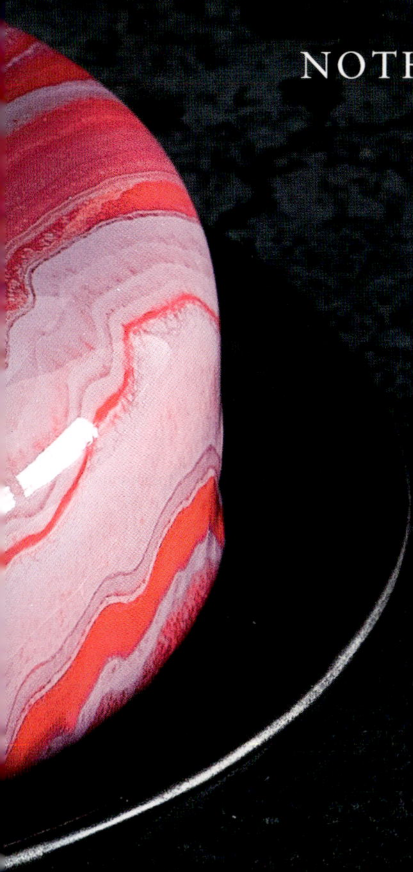

Gibt es etwas Besseres, als mit Lieblingsmenschen am Tisch zu sitzen und zu genießen? Bei leckerem Essen, guter Gesellschaft und gutem Wein? Es muss ja gar nicht immer das aufwendige Menü sein, ganz im Gegenteil. Auch eine Käseplatte kann ziemlich glücklich machen. Aber keine Sorge – auf den nächsten Seiten gibt es nicht haufenweise Käseplattenrezepte. Sondern solche, die sich wunderbar für einen Abend mit Freunden eignen. Die meisten davon kannst du prima vorbereiten. Wenn ich Freunde einlade, deren Unpünktlichkeit legendär ist, schiebe ich übrigens lieber ein Schmorgericht in den Ofen, als ein Steak in die Pfanne zu werfen. Das kann dann gemütlich vor sich hin köcheln, während ich schon mal den Wein entkorke.

Egal, ob pünktlich oder nicht: Gemeinsam essen macht einfach glücklich.

Leute, die gerne genießen, können gar keine schlechten Menschen sein. Deshalb zähle ich Menschen auch erst dann wirklich zu meinen Freunden, wenn ich einmal für sie kochen durfte.

Und am Ende eines Abends mit Freunden, wenn nicht nur die Bäuche, sondern auch die Herzen voll sind, dann zählt doch eigentlich nur eines: nämlich die schönen Erinnerungen. Und nicht die Kalorien.

BURRATA

mit gegrilltem Pfirsich & zweierlei Spargel

Er ist eine herrlich sommerliche Vorspeise: Burrata, dieser unverschämt cremig-sahnige apulische Verwandte des Mozzarellas. Dazu süßer gegrillter Pfirsich und Spargel auf zweierlei Art – einmal gegrillt und einmal roh mariniert. Überhaupt sollte man Spargel viel öfter einmal roh genießen, so schmeckt er nämlich ebenfalls köstlich!

ZUTATEN FÜR 4 PORTIONEN

1 großer oder 2 kleine Pfirsiche
12 Stangen grüner Spargel
100 ml mildes natives Olivenöl,
plus etwa 1 EL extra zum Bepinseln
30 g Basilikum
2 EL Zitronensaft
1 EL Ahornsirup
Meersalz
frisch gemahlener schwarzer Pfeffer
2 Kugeln Burrata

Die Pfirsiche waschen, trocken tupfen und achteln, dabei den Stein entfernen.

Den Spargel waschen, trocken tupfen und das untere Drittel der Stangen abschneiden. Mit einem Sparschäler jede Stange zur Hälfte in dünne Streifen hobeln. Die Streifen beiseitestellen.

Eine Grillpfanne erhitzen. Die Schnittflächen der Pfirsiche und Spargelstangen mit etwas Olivenöl einpinseln und in der heißen Pfanne ca. 2 Minuten von jeder Seite grillen. Oder so lange, bis sich hübsche Grillstreifen gebildet haben.

Das Basilikum waschen, trocken tupfen und zusammen mit dem Olivenöl pürieren. Das entstandene Basilikumöl durch ein feines Sieb passieren. Zitronensaft und Ahornsirup mit einem Schneebesen unterschlagen. Mit Salz und Pfeffer würzen.

Gegrillte Spargelstangen und rohe Spargelstreifen auf den Tellern verteilen. Darauf je eine halbe Kugel Burrata und die gegrillten Pfirsiche setzen. Mit dem Basilikum-Zitronen-Dressing beträufeln.

Tipp: Anstelle von Burrata kannst du auch Mozzarella verwenden.

JAKOBSMUSCHELN MIT SPINAT,

Apfel & Miso-Hollandaise

Die Kombination aus Jakobsmuscheln und Apfel mag auf den ersten Blick ungewöhnlich erscheinen – passt aber perfekt! Der Apfel spendiert der süßen Jakobsmuschel eine feine Säure. Dazu gibt es einen japanisch angehauchten Spinat mit Sake und Mirin und eine ebenfalls japanisch inspirierte Miso-Hollandaise. Eine kunterbunte Cross-over-Vorspeise also, die deine Gäste hoffentlich genauso sehr lieben wie meine.

ZUTATEN (ALS VORSPEISE FÜR 4 PERSONEN)

Für die Muscheln
8 Jakobsmuscheln (am besten in der Schale)
1 EL Sesamöl

Für den Apfel
1 fester, säuerlicher Apfel (z. B. Pink Lady oder Elstar)
Saft von 1 Zitrone

Für den Spinat
2 Schalotten
1 Knoblauchzehe
1 TL Sesamöl
300 g Babyspinat
50 ml Sake
20 ml Mirin
1 Spritzer Zitronensaft
Meersalz

Für die Miso-Hollandaise
120 g Butter
3 Eigelb
30 ml trockener Weißwein
Meersalz
1 gehäufter EL helle Shiro-Miso-Paste

Zuerst die Jakobsmuscheln aus der Schale lösen: Dazu die Muschel mit der flachen Seite nach oben auf die Arbeitsfläche legen, ein normales Tafelmesser zwischen die beiden Schalenhälften schieben, ganz flach an der oberen Schale entlangfahren und so das Muschelfleisch vorsichtig von der Schale lösen. Die Muschel nun durch eine leichte Drehung des Messers aufhebeln, die obere Schalenhälfte beiseitelegen und mit dem Messer unter den unteren Teil des Muschelfleisches fahren und es so komplett lösen. Das weiße Muskelfleisch von Innereien und dem roten Corail (der Rogen, der übrigens essbar ist) befreien und beiseitestellen.

Die Muschelschalen unter fließendem Wasser auswaschen. Den Apfel schälen, vom Kerngehäuse befreien, grob raspeln und mit Zitronensaft mischen.

Für den Spinat Schalotten und Knoblauch schälen, dann sehr fein würfeln. Das Sesamöl in einer Pfanne erhitzen und beides farblos darin anschwitzen. Den Babyspinat waschen, tropfnass mit in die Pfanne geben und zusammenfallen lassen. Mit Sake und Mirin ablöschen und die Flüssigkeit bis auf einen kleinen Rest verkochen lassen. Mit Zitronensaft und etwas Salz abschmecken.

Für die Miso-Hollandaise die Butter schmelzen. Eigelbe, Wein und eine kleine Prise Salz in einer Schüssel über einem simmernden Wasserbad erhitzen und dabei mit dem Schneebesen aufschlagen, bis die Masse hellschaumig ist und andickt. Die geschmolzene Butter in einem dünnen Strahl zur Eigelbmasse geben und dabei kräftig weiterschlagen. Zuletzt die Miso-Paste einrühren.

Das Sesamöl in einer Pfanne erhitzen. Die Jakobsmuscheln bei geringer Hitze von jeder Seite 2 Minuten darin braten. Sie sollten innen noch glasig sein.

Pro Person zwei Muschelschalen auf einen Teller legen. Etwas Spinat in die Schale geben, darauf einige Apfelraspeln und schließlich je 1 Jakobsmuschel auf das Spinat-Apfel-Bett legen. Mit der Hollandaise toppen.

MIT ROTE BETE UND WODKA GEBEIZTER HEILBUTT

mit Meerrettichcreme & Knusperbrot

Fisch selbst beizen ist so einfach. Und so köstlich! Die Rote Bete in der Beize lässt das weiße Fischfilet außen sanft erröten – ein echter Hingucker auf dem Teller. Meerrettich sorgt für eine sanfte Schärfe und das knusprig gebratene Brot gibt einen schönen Crunch.

ZUTATEN FÜR 4 PORTIONEN

Für den Fisch
400 g Heilbuttfilet ohne Haut (alternativ: Schwertfisch, Buttermakrele oder Cobia)
15 ml Wodka
1 Rote Bete
1 Bund Petersilie
80 g Zucker
50 g Meersalz
5 g Langpfeffer, grob gemörsert (alternativ: schwarzer Pfeffer)

Für die Meerrettichcreme
125 g Crème fraîche
1 EL frisch geriebener Meerrettich (alternativ: aus dem Glas)
1 Prise Zucker
Meersalz

Für das Knusperbrot
1 EL Butter
4 sehr dünne Scheiben Brot, halbiert (siehe Seite 107)

Außerdem
1 Handvoll Rucola, gewaschen und trocken geschleudert
natives Olivenöl, nach Belieben
Saft von ½ Zitrone

Den Fisch waschen und trocken tupfen. Mit dem Wodka einreiben. Die Rote Bete schälen (dabei am besten Handschuhe tragen!) und grob raspeln. Die Petersilie waschen, trocken tupfen und hacken. Zucker, Salz, Rote Bete, Petersilie und Pfeffer mischen.

Die Hälfte der Beize in einer flachen Auflaufform verteilen, den Fisch darauflegen und mit der restlichen Beize bedecken. Den Fisch mit Frischhaltefolie abdecken. Ein Brettchen darauflegen oder z. B. mit einem Topf beschweren. Mindestens 24 Stunden in den Kühlschrank stellen, 48 Stunden wären noch besser.

Anschließend den Fisch unter fließendem Wasser von der Beize befreien und vorsichtig trocken tupfen. Mit einem langen, scharfen Messer in dünne Scheiben schneiden.
Für die Meerrettichcreme alle Zutaten verrühren und mindestens 30 Minuten ziehen lassen.

Für das Knusperbrot die Butter in einer Pfanne aufschäumen und die Brotscheiben darin knusprig braten.

Den Rucola auf den Tellern verteilen. Den aufgeschnittenen Fisch darauf anrichten, nach Belieben mit etwas Olivenöl und einem Spritzer Zitrone beträufeln. Mit Meerrettichcreme und Knusperbrot servieren.

Tipp: Auch andere fette Fische wie Lachs eignen sich prima zum Beizen. Beim Aromatisieren der Beize sind der Fantasie keine Grenzen gesetzt. Wie wäre es mit Gin und Wacholderbeeren? Auch toll: grob gemörserte Kaffeebohnen und Langpfeffer.

AUBERGINEN

mit Miso & Mirin

Japan is calling! Für die ofengebackenen Auberginen musst du natürlich nicht diese länglichen, japanischen Auberginen verwenden – manchmal gibt es sie aber sogar im Supermarkt. Falls nicht: Ihre eierförmigen europäischen Verwandten schmecken genauso gut. Die Soße aus Miso und Mirin, Sake und Ingwer passt übrigens auch toll zu anderen Gemüsen wie Pak Choi, Spinat oder Mangold.

Den Backofen auf 200 °C vorheizen.

Die Auberginen waschen und halbieren. Die Schnittflächen mit Sesamöl einpinseln, die Auberginen in eine Auflaufform geben und 8 Minuten im vorgeheizten Ofen backen.

In der Zwischenzeit Sake, Mirin, Miso-Paste, Ingwer und Zucker in einem kleinen Topf 5 Minuten sanft köcheln lassen.

Die gebackenen Auberginen aus dem Ofen nehmen und mit der Miso-Mirin-Glasur einpinseln. Dann wieder in den Ofen geben weitere 10 Minuten backen. Gegebenenfalls den Backofengrill zuschalten, damit die Oberfläche schön braun wird.

In der Zwischenzeit die Sesamsamen in einer Pfanne ohne Fett rösten, bis sie duften. Den Granatapfel vierteln und die Kerne herauslösen. Die bitteren weißen Häutchen komplett entfernen. Das klappt sehr gut und vor allem ohne rote Spritzer in einer Schüssel mit kaltem Wasser.

Die fertig gebackenen Auberginen mit der restlichen Glasur beträufeln, mit Granatapfelkernen, Sesam und Kresse bestreut servieren.

Tipp: Mirin ist ein süßer Reiswein, der in der japanischen Küche häufig verwendet wird. Du bekommst ihn im Asia-Shop. Achte aber darauf, „Hon Mirin“, also „echten Mirin“, zu kaufen. Ersetzen könntest du ihn durch Sherry, denn du mit etwas Zucker süßt. Anders als Sake, ebenfalls ein Reiswein, wird Mirin ausschließlich als Speisewürze verwendet.

ZUTATEN FÜR 4 PORTIONEN

4 kleine oder zwei normale Auberginen (z. B. japanische Auberginen)
2 EL Sesamöl
5 EL Sake
2 EL Mirin
2 EL helle Shiro-Miso-Paste
2 EL fein geriebener Ingwer
1 EL Zucker
2 EL schwarze Sesamsamen
1 Granatapfel
Shiso-Kresse

SCHWARZE PASTA MIT MOHNPESTO,

Chili-Rosmarin-Tomaten & Ziegenkäse

Pasta ist Liebe, hat mir ein guter Freund einmal gesagt. In diesem Sinne: Serviert euren Freunden einfach einen großen Teller voller Liebe! Eine schöne Abwechslung zur klassischen Pasta mit Pesto ist diese schwarze Pasta mit schwarzem Mohnpesto. Dazu cremiger Ziegenkäse und scharf-süße Chili-Rosmarin-Tomaten aus dem Ofen. So rot wie die Liebe. So schwarz wie der Humor meiner allerbesten Freunde. Und so lecker, dass garantiert nichts übrig bleibt.

ZUTATEN FÜR 4 PORTIONEN

Für die Chili-Rosmarin-Tomaten
500 g Kirschtomaten
Meersalz
6 EL Olivenöl
1 rote Chilischote
1 Knoblauchzehe
1 Rosmarinzweig

Für das Mohnpesto
100 g Mohnsamen
50 g Parmesan
1 Knoblauchzehe
25 g Walnüsse
Meersalz
75 ml Olivenöl
frisch gemahlener schwarzer Pfeffer

Für die Pasta
500 g schwarze Pasta nach Wahl
Salz
150 g halbfester Ziegenfrischkäse
(z. B. Taler oder Rolle)

Außerdem
Kräuter als Dekoration,
nach Belieben

Für die Tomaten den Backofen auf 140 °C (Umluft) vorheizen. Die Tomaten waschen, trocken tupfen und halbieren. Mit der Schnittfläche nach oben auf ein mit Backpapier ausgelegtes Backblech legen. Mit Salz bestreuen und mit dem Olivenöl beträufeln. Die Chilischote waschen, trocknen und schräg in Scheiben schneiden. Den Knoblauch schälen und in dünne Scheiben schneiden. Die Rosmarinnadeln abzupfen. Chili, Knoblauch und Rosmarin über die Tomaten streuen. Die Tomaten 60–90 Minuten im vorgeheizten Ofen garen, bis sie an den Rändern anfangen, dunkel zu werden. Anschließend die Temperatur reduzieren und die Tomaten bis zum Servieren bei 90 °C warm halten. Das Öl aufbewahren.

Für das Mohnpesto den Mohn in einem Hochleistungsmixer oder einer Getreidemühle mahlen. Alternativ fertig gemahlenen Mohn (aber keine Mohn-Backmischung!) verwenden. Den Parmesan reiben. Den Knoblauch schälen und fein hacken. Eine Pfanne erhitzen, die Walnüsse darin ohne Fett rösten, bis sie duften. Etwas abkühlen lassen, dann mit den restlichen Zutaten in der Küchenmaschine oder mit dem Mörser zu einer cremigen Masse pürieren. Bis zum Anrichten beiseitestellen.

Die Pasta in einem Topf mit reichlich Salzwasser al dente kochen. Das Mohnpesto mit 4–5 EL Nudelwasser cremig rühren. Die Pasta abgießen und auf vier vorgewärmte Teller verteilen. Jeden Teller mit 2–3 EL Mohnpesto toppen, die Ofentomaten daraufgeben sowie den Ziegenkäse in Stücke teilen und auf die Pasta streuen. Mit dem Chiliöl beträufeln, mit viel frisch gemahlenem Pfeffer würzen und mit Kräutern nach Belieben dekorieren.

Tipp: Reste vom Pesto in ein Schraubglas geben und mit Olivenöl bedecken. So hält es sich im Kühlschrank bis zu 2 Wochen. Für Vegetarier einfach die schwarze Pasta durch normale helle Pasta ersetzen.

PULLED LAMB

mit Rhabarber

Das Tolle an Schmorgerichten ist ja: Es ist völlig egal, ob alle Gäste pünktlich sind oder ob aus der ersten Flasche Sekt vorweg noch eine zweite wird. Denn ob das Fleisch eine halbe Stunde länger im Ofen gart, ist hier völlig egal. Die Kombination von Lamm und Rhabarber klingt vielleicht ungewohnt, sie ist aber finger lickin´ köstlich. Das erste Mal aß ich sie in Island. Aber auch in der persischen Küche schmort man gern Lamm mit Rhabarber.

ZUTATEN FÜR 4 PORTIONEN

1 kg Lammschulter ohne Knochen
1 EL Butterschmalz
2 Zwiebeln
2 EL Tomatenmark
1 EL brauner Zucker
50 ml Sojasoße
250 ml Granatapfelsaft
1 Lorbeerblatt
½ Sternanis
1 Stück Ingwer (2 cm), geschält und gehackt
200 ml Kalbsfond
300 g Rhabarber (frisch oder TK)
Meersalz
frisch gemahlener schwarzer Pfeffer

Außerdem
Gartenkresse zum Garnieren

Den Backofen auf 150 °C vorheizen.

Das Lamm parieren, also von überschüssigem Fett und Sehnen befreien. Das Butterschmalz in einem großen Bräter heiß werden lassen und das Fleisch darin von allen Seiten scharf anbraten.

Währenddessen die Zwiebeln schälen und würfeln. Das Lamm aus dem Bräter nehmen und die Zwiebeln im Bratfett anschwitzen. Tomatenmark und braunen Zucker zugeben und kurz mitrösten. Mit Sojasoße und Granatapfelsaft ablöschen und 3 Minuten einkochen lassen. Das Fleisch mit Lorbeer, Sternanis und Ingwer in den Bräter geben, mit dem Kalbsfond aufgießen, alle einmal aufkochen lassen und dann abgedeckt im Ofen 2 ½ Stunden garen.

Im Anschluss den Rhabarber zugeben und weitere 30 Minuten garen. Das Fleisch sollte am Ende der Garzeit butterweich sein. Mit zwei Gabeln zerzupfen und mit der Schmorflüssigkeit vermengen. Lorbeer und Sternanis herausfischen. Mit Salz und Pfeffer abschmecken.

Das Pulled Lamm auf einer Servierplatte anrichten und mit der Kresse toppen.

Tipp: Am besten servierst du dazu eine Schüssel Couscous mit Frühlingszwiebeln und Gurkenwürfeln. Oder das Kartoffelpüree mit Skyr von Seite 102. Reste machen sich toll als Pulled Lamb Burger in einem Burger Bun.

FISCH-TACOS MIT MANGO-AVOCADO-SALSA,

Limetten-Rotkohl & Chilicreme

So unkompliziert kann lecker sein! Einfach alle Zutaten in die Tischmitte stellen – so kann sich jeder seine Tortilla nach Wunsch belegen. Bastel-Essen heißt das bei uns!

ZUTATEN FÜR 4 PORTIONEN

Für die Tortillas (10–12 Stück)
125 g Maismehl
125 g Weizen- oder Dinkelmehl
1 TL Meersalz
2 EL Olivenöl

Für die Mango-Avocado-Salsa
1 Avocado & 1 Mango
1 rote Zwiebel
1 EL gehackter Koriander
Saft von 1 Limette
1 EL Ahornsirup
Meersalz

Für den Rotkohl
¼ kleiner Rotkohl
1 knapper EL Zucker
1 TL Meersalz
Saft und Abrieb von 2 Bio-Limetten

Für die Guacamole
1 kleine rote Zwiebel
2 Knoblauchzehen
2 sehr reife Hass-Avocados
Saft von 1 Limette, Meersalz

Für die Chilicreme
200 g griechischer Joghurt
2 EL scharfe Chilisoße

Für den Fisch
750 g Fischfilet
½ TL gemahlener Kreuzkümmel
1 TL Paprikapulver edelsüß
½ TL Chilipulver
3 EL Limettensaft
3 EL Olivenöl
1 EL Honig

Für die Tortillas die beiden Mehlsorten und das Salz mischen. Olivenöl und 125 ml Wasser zugeben und ca. 4 Minuten zu einem geschmeidigen Teig kneten. In Frischhaltefolie wickeln und 30 Minuten ruhen lassen.

Für die Mango-Avocado-Salsa die Avocado halbieren, den Kern entfernen, das Fleisch herausschaben und würfeln. Die Mango schälen, das Fruchtfleisch vom Stein schneiden und ebenfalls würfeln. Die rote Zwiebel schälen und würfeln. Alle Zutaten in einer Schüssel mischen und mit Salz würzen.

Für den Rotkohl den Kohl in feine Streifen schneiden. Mit Zucker und Salz bestreuen und ca. 1 Minute kräftig mit den Händen durchkneten. Dann Limettensaft und -abrieb unterrühren und 30 Minuten ziehen lassen.

Für die Guacamole Zwiebel und Knoblauch schälen und fein hacken. Die Avocado halbieren, den Kern entfernen, das Fruchtfleisch herausschaben und im Mixer pürieren. Mit Limettensaft sowie Zwiebel- und Knoblauchwürfeln mischen und mit Salz abschmecken.

Für die Chilicreme Joghurt und Chilisoße verrühren.

Den Backofen auf 80 °C vorheizen. Den Tortillateig zu acht Kugeln formen. Jede Teigkugel sehr dünn ausrollen und mit einer Schüssel rund ausstechen. Die fertigen Teigfladen mit Frischhaltefolie abdecken. Eine beschichtete Pfanne ohne Fett erhitzen und jeden Fladen darin 1 Minute pro Seite backen, bis sich Blasen bilden. Im vorgeheizten Ofen warm halten.

Den Fisch waschen und trocken tupfen. Die restlichen Zutaten mischen und den Fisch 30 Minuten darin marinieren. Anschließend den Fisch aus der Marinade nehmen und in einer beschichteten Pfanne 2–3 Minuten pro Seite braten. Er sollte innen noch glasig sein.

Zum Anrichten einen Tortillafladen mit einem Klecks Guacamole bestreichen. Rotkohl und Mango-Avocado-Salsa daraufgeben, mit Fisch und Chilicreme toppen. Zusammen klappen und sofort verspeisen.

ALTE KUH & DICKE BOHNEN

Es ist der Gegenentwurf zum weitverbreiteten und geschmacklich ziemlich langweiligen „Jungbullenfleisch“: das Fleisch der dicken, alten Kuh. Gemeint sind damit Milchkühe, die deutlich über zehn Jahre auf dem Buckel haben. Die ihr Leben lang frisches Gras gefressen haben. Deren Fleisch nach Milch und Kräuterwiese riecht. Wird es trocken gereift, ist es keineswegs zäh, sondern kernig – und schmeckt dank seines hohen Anteils an intramuskulärem Fett unvergleichlich intensiv. So ein Fleisch braucht nicht viel Chichi drum herum. Ich gare es rückwärts medium und serviere es mit gerösteten Zwiebeln und dicken Bohnen.

ZUTATEN FÜR 4 PORTIONEN

Für das Steak
2 Entrecôtes von der alten Milchkuh à 400 g
1 EL Butterschmalz
100 ml Rotwein
10 ml Sojasoße
1 Prise brauner Zucker

Für die dicken Bohnen
600 g dicke Bohnen, gepalt (frisch oder TK)
Meersalz
3 EL natives Olivenöl, plus 1 TL extra
4 EL Zitronensaft, plus 1 Spritzer extra
50 ml Gemüsefond
1 EL Ahornsirup
frisch gemahlener schwarzer Pfeffer

Für die gerösteten Zwiebeln
3 kleine Zwiebeln
2 EL neutrales Pflanzenöl
Meersalz

Außerdem
Meersalz
frisch gemahlener schwarzer Pfeffer
Pulver vom fermentierten schwarzen Knoblauch, nach Belieben

Die Steaks rechtzeitig aus dem Kühlschrank nehmen und Raumtemperatur annehmen lassen.

Für die dicken Bohnen die Bohnenkerne in sprudelndem Salzwasser 15 Minuten kochen, dann in Eiswasser abschrecken und die Kerne aus den Wachshäutchen drücken. 450 g Bohnen mit Olivenöl, Zitronensaft, Gemüsefond und Ahornsirup im Mixer oder der Küchenmaschine zu einem geschmeidigen Püree verarbeiten.
Mit Salz und Pfeffer würzen. In einem Topf bei geringer Hitze aufwärmen. Die übrigen Bohnen im restlichen Olivenöl sanft anschwitzen, mit Salz und einem Spritzer Zitronensaft würzen und bis zum Servieren warm halten.
Für die gerösteten Zwiebeln die Zwiebeln halbieren, dann die äußere Schale abziehen. Das Öl in einer gusseisernen Pfanne sehr heiß werden lassen. Die Zwiebeln mit den Schnittflächen nach unten in die Pfanne legen, die Hitze auf niedrige Stufe reduzieren und die Zwiebeln 5 Minuten offen anbraten. Dann die Pfanne abdecken und die Zwiebeln weitere 15 Minuten garen. Am Ende der Bratzeit sollten die Zwiebeln weich und die Ränder sehr dunkel sein. Die Zwiebeln aus der Pfanne nehmen, etwas abkühlen lassen und dann in die einzelnen Segmente auffächern.

Den Backofen auf 90 °C vorheizen. Die Steaks auf einen Teller legen, ein Fleischthermometer in die dickste Stelle stechen und die Entrecôtes im Ofen auf 54 °C Kerntemperatur bringen.
Das Butterschmalz in einer gusseisernen Pfanne sehr heiß werden lassen. Die Steaks aus dem Ofen nehmen und von jeder Seite scharf anbraten. Herausnehmen, kurz ruhen lassen – aber auf gar keinen Fall in Alufolie wickeln! Während die Steaks ruhen, den Bratensatz mit Rotwein und Sojasoße lösen, mit einer Prise Zucker abschmecken und einkochen lassen.

Das Fleisch quer zur Faser aufschneiden und mit dem Bohnenpüree, den dicken Bohnen und den gerösteten Zwiebeln anrichten. Die Soße in die Zwiebelschalen träufeln. Mit Salz, Pfeffer und nach Belieben schwarzem Knoblauchpulver bestreut servieren.

HASELNUSS-MOUSSE-TÖRTCHEN

mit Mirror Glaze

Wie heißt es doch so schön? Eine Party ohne Kuchen ist nur ein Meeting. In diesem Sinne: Tadaa – wie wäre es mit diesem Törtchen mit fluffiger Haselnuss-Mousse und glänzender Mirror Glaze? Die macht nicht nur richtig was her, sondern lässt sich auch noch prima vorbereiten. Für den umwerfenden Glanz sorgt übrigens die Gelatine. Und das Beste: Die Herstellung einer Spiegelglasur ist gar nicht schwer! Das Einzige, was du wirklich brauchst, ist ein Zuckerthermometer. Ebenfalls sehr hilfreich ist eine Silikonform. Aus ihr lässt sich die Torte perfekt lösen.

ZUTATEN FÜR 4 PORTIONEN

Für den Boden
25 g Butter, plus etwas für die Form
1 Ei
50 g Zucker
Mark von ½ Vanilleschote
20 ml Milch
30 ml Haselnussöl (alternativ: neutrales Pflanzenöl)
70 g Mehl
½ TL Backpulver
1 Prise feines Salz

Für die Haselnuss-Mousse
3 Blatt Gelatine
2 Eigelb
10 g Zucker
100 ml Milch
25 ml Haselnusslikör (z. B. Frangelico)
200 g weiße Kuvertüre, gehackt
50 g Haselnussmark
300 ml kalte Sahne

Für die Mirror Glaze
8 Blatt Gelatine (12 g)
180 g Glukose
175 g Zucker
180 g weiße Kuvertüre, gehackt
125 g gesüßte Kondensmilch
Lebensmittelfarbe (Gel oder Paste)

Für den Boden den Backofen auf 170 °C vorheizen. Eine Kuchenform in der Größe der Silikonform fetten.

Die Butter schmelzen und etwas abkühlen lassen. Das Ei mit Zucker und Vanillemark ca. 5 Minuten schaumig schlagen. Abgekühlte Butter, Milch und Haselnussöl unterrühren. Mehl, Backpulver und Salz mischen, über die Eimasse sieben und vorsichtig unterheben. Den Teig in die vorbereitete Form füllen und 25 Minuten im vorgeheizten Ofen backen. Den Boden aus der Form stürzen und komplett abkühlen lassen.

Für die Haselnuss-Mousse die Gelatine in kaltem Wasser einweichen. Eigelbe und Zucker verrühren. Die Milch in einem kleinen Topf erhitzen. Sobald sie dampft, die Eigelb-Zucker-Mischung zugeben und alles unter ständigem Rühren auf 80 °C erhitzen (das nennt man „zur Rose abziehen"), bis die Masse andickt. Den Haselnusslikör unterrühren. Den Topf vom Herd nehmen, die Kuvertüre zugeben, 1 Minute stehen lassen, dann kräftig rühren, bis eine homogene Masse entstanden ist. Zurück auf den Herd stellen, das Haselnussmark zufügen und bei geringer Hitze vermengen. Die Gelatine ausdrücken und in der warmen Mischung auflösen. Alles auf Raumtemperatur abkühlen lassen. In der Zwischenzeit die Sahne steif schlagen und mit der abgekühlten Masse vermengen.

Eine Silikonform auf ein Küchenbrett stellen, mit der Mousse füllen und ca. 2 Stunden in den Kühlschrank stellen. Herausnehmen, dann den abgekühlten Teigboden darauflegen und sanft andrücken. Mindestens 12, besser 24 Stunden in den Tiefkühler geben und gut durchfrieren lassen.

Für die Mirror Glaze die Gelatine in kaltem Wasser einweichen. Glukose, Zucker und 80 ml Wasser aufkochen, bis 105 °C erreicht sind. Den Topf vom Herd nehmen. Gehackte Kuvertüre und Kondensmilch einrühren und vermischen, bis alles gut emulgiert ist.

Ca. 5 Minuten abkühlen lassen, dann die eingeweichte Gelatine ausdrücken und in der heißen Masse schmelzen. Alles gut verrühren, dann durch ein feines Sieb gießen.

Die Glasur in drei Portionen teilen und jede nach Wunsch mit Lebensmittelfarbe einfärben. Frischhaltefolie auf die Oberfläche der Glasuren drücken und bei Zimmertemperatur auf ca. 32 °C abkühlen lassen. Jetzt ist die Mirror Glaze fertig zum Glasieren. Falls die Glasur zu fest geworden ist, kannst du sie in der Mikrowelle bei ganz geringer Wattzahl problemlos wieder verflüssigen. Für den Marmoreffekt die drei verschiedenen Glasuren abwechselnd in einen Messbecher mit Ausgießer füllen.

Die gefrorene Torte aus der Silikonform lösen. Eine Schüssel umgedreht auf ein Backblech stellen. Die Torte auf die Schüssel stellen. Die Mirror Glaze in einer langsamen, konstanten Bewegung über die Torte gießen, sodass alles gut bedeckt ist. 5–10 Minuten stehen lassen, dann die Torte mithilfe eines Palettmessers hochheben und überstehende Glaze-Fäden mit einem scharfen Messer oder einer Schere abschneiden.

Für die Deko nach Belieben die Beeren mit etwas essbarem Glitter bestäuben und auf die Torte setzen. Bei Zimmertemperatur ca. 2 Stunden auftauen lassen, bevor du die Torte servierst.

Außerdem

Silikonform und Backform in der gleichen Größe

Beeren und essbarer Glitter, nach Belieben

ERDBEER-TOMATEN-SORBET

mit süßem Basilikumpesto & Pinienkern-Krokant

Kaum zu glauben, aber wahr: Erdbeeren und Tomaten sind ziemlich beste Freunde auf dem Teller. Zusammen mit dem süßen Basilikumpesto und dem knackigen Pinienkern-Krokant entsteht ein Dessert, das du perfekt vorbereiten kannst, denn das Sorbet lässt sich einige Tage im Voraus zubereiten. Dann einfach schon zu Kugeln formen und diese wieder einfrieren. Vor dem Anrichten 10 Minuten antauen lassen.

ZUTATEN FÜR 4 PORTIONEN

Für das Erdbeer-Tomaten-Sorbet
150 g Zucker
500 g Erdbeeren, geputzt
250 g Tomaten, geputzt, entkernt und Stielansatz entfernt

Für das Basilikumpesto
30 g Pinienkerne
30 g Basilikumblätter
40 ml Haselnussöl
2 EL Ahornsirup
1 Spritzer Zitronensaft
1 kleine Prise Meersalz

Für den Pinienkern-Krokant
100 g Zucker
70 g Pinienkerne

Außerdem
8 frische Erdbeeren, geputzt und geviertelt
Basilikumspitzen

Für das Sorbet Zucker und 150 ml Wasser in einem Topf aufkochen und so lange köcheln, bis sich der Zucker komplett aufgelöst hat. Den so entstandenen Läuterzucker abkühlen lassen.

Erdbeeren und Tomaten würfeln und mit dem abgekühlten Läuterzucker pürieren. Wer mag, streicht das Püree noch durch ein feines Sieb, um Erdbeerkerne und Tomatenhäute zu entfernen. Wer einen Hochleistungsmixer hat, kann sich diesen Schritt sparen. Die Sorbetmasse in der Eismaschine nach Anweisung gefrieren lassen.

Für das Pesto die Pinienkerne ohne Fett in einer Pfanne rösten, die Basilikumblätter abbrausen und trocken tupfen. Mit den restlichen Zutaten fein pürieren.

Für den Krokant den Zucker in einem Topf zu einem hellbraunen Karamell schmelzen. Die Pinienkerne mit einem Holzlöffel unterrühren und die heiße Masse auf Backpapier geben. Ein zweites Stück Backpapier darüberlegen und den Krokant mit einem Nudelholz oder einer Flasche dünn ausrollen. Abkühlen lassen, dann in Stücke brechen. Bis zum Servieren trocken lagern.
Zum Anrichten je eine Kugel Sorbet in die Mitte des Tellers setzen. Die Erdbeerviertel in einer Linie auf den Teller legen. Kleine Kleckse vom süßen Pesto und Stücke vom Pinienkern-Krokant dazwischengeben. Mit den Basilikumspitzen garnieren.

Tipp: Wenn du keine Eismaschine hast, gießt du die Sorbetmasse in eine flache Edelstahlschüssel und stellst sie in den Tiefkühler. Alle 30–45 Minuten kräftig mit einem Schneebesen durchrühren – den Vorgang so lange wiederholen, bis ein cremiges Sorbet entstanden ist. Das dauert ungefähr 3 Stunden.

Mut

LET LIFE SURPRISE YOU!

Bist du bereit, deine kulinarische Komfortzone zu verlassen? In diesem Kapitel geht´s rund. Da wird Blauschimmelkäse zu Eiscreme. Es gibt Innereien, Pulpo und Blutwurst. Es wird richtig scharf. Und richtig lecker. Versprochen!

Alles, was du brauchst, ist ein bisschen Mut. Mut, Neues zu entdecken. Mut, dich auf das einzulassen, was auf den ersten Biss ungewohnt erscheint. Denn was kann schon passieren? Im schlechtesten Fall verziehst du das Gesicht. Und im besten – beißt du gleich ein zweites Mal hinein.

In jedem Fall aber wirst du eine kulinarische Erfahrung gemacht haben, die du so schnell nicht vergisst. Ich werde mich immer an den Abend erinnern, als ich das erste Mal Hákarl probiert habe, die isländische Spezialität aus dem fermentierten Fleisch des Grönlandhais. Ich werde mich immer an das kleine Restaurant am Ufer des Chao Phraya in Bangkok erinnern, in dem das Banana Flower Curry so scharf war, dass es nicht nur mir, sondern auch den beiden Thais am Nachbartisch die Tränen in die Augen trieb. Immer werde ich mich an das namenlose Gemüse erinnern, das uns eine sehr alte, sehr würdevolle Akha-Frau in ihrer Hütte im Norden Thailands anbot. Das so fremd und gleichzeitig so fabelhaft schmeckte, dass es zu schade gewesen wäre, sich diese Gelegenheit entgehen zu lassen.

In diesem Sinne: Nur Mut! Und vielleicht brauchst du den auch gar nicht – weil Kalbsbries, Pulpo und Schwertmuscheln längst zu deinen Lieblingsgerichten gehören.

SKREI

mit Blutwurststrudel & Rahmsauerkraut

Jedes Jahr im Januar beginnt sie, die „Skreison“. Nur von Januar bis April gibt es den norwegischen Winterkabeljau, Skrei genannt. Sein Name bedeutet „Wanderer“, denn die Fische legen auf dem Weg von der arktischen Barentssee zu den wärmeren Küstengewässern der Lofoten bis zu 1.000 km zurück. Die Kombination aus würziger Blutwurst, Rahmsauerkraut und dem sanft im Ofen gar gezogenen Kabeljau ist so köstlich, dass es eigentlich nur eine einzige angemessene Reaktion darauf gibt: Skrei vor Glück!

ZUTATEN FÜR 4 PORTIONEN

Für das Rahmsauerkraut
650 g Sauerkraut
2 Zwiebeln
1 EL Butter
150 ml trockener Riesling
200 ml Sahne
100 ml Gemüsefond
2 Lorbeerblätter
5 Pimentkörner, angequetscht
1 TL Zucker
Meersalz
frisch gemahlener schwarzer Pfeffer

Für den Blutwurststrudel
250 g Blutwurst
1 kleine Zwiebel
1 kleiner säuerlicher Apfel
2 EL Butter
1 EL Majoranblätter
Meersalz
frisch gemahlener schwarzer Pfeffer
4 Filo- oder Yufka-Teig-Blätter
(ca. 30 x 30 cm)
3 EL neutrales Pflanzenöl

Für den Skrei
800 g Skrei-Loins ohne Haut
(Winterkabeljau; außerhalb der
Skrei-Saison Kabeljau oder
Schellfisch verwenden)
1 EL Olivenöl
Meersalz

Für das Rahmsauerkraut das Kraut etwas ausdrücken. Die Zwiebeln schälen und fein würfeln. Die Butter in einem Topf erhitzen und die Zwiebelwürfel darin anschwitzen. Das Sauerkraut zufügen und kurz mitdünsten. Es soll keine Farbe nehmen. Dann mit dem Weißwein ablöschen. Sahne und Fond angießen, Lorbeer, Piment, Zucker, eine Prise Salz und Pfeffer zufügen und das Kraut bei mittlerer Hitze gute 30 Minuten garen. Dann Lorbeer und Piment wieder herausnehmen.

Für den Blutwurststrudel die Wurst pellen und fein würfeln. Zwiebel und Apfel schälen, Letzteren vom Kerngehäuse befreien, und beides ebenfalls fein würfeln. Die Hälfte der Butter in einer Pfanne aufschäumen, Zwiebel- und Apfelwürfel darin 3 Minuten anschwitzen. Mit den Blutwurstwürfeln und dem Majoran vermengen und dünsten, bis die Blutwurst zerfällt. Mit Salz und Pfeffer abschmecken.
Die restliche Butter zerlassen. Die Teigblätter halbieren. Vier der acht Hälften dünn mit der zerlassenen Butter einpinseln und die anderen Teighälften darauflegen. Die Blutwurstmasse gleichmäßig auf den vier Teigstücken verteilen, dabei einen Rand von 2 cm lassen. Die langen Seiten einklappen und die Strudel von den Schmalseiten her fest einrollen. Das Öl in einer Pfanne erhitzen und die Strudel darin ca. 5 Minuten knusprig braten. Aus der Pfanne nehmen und auf Küchenpapier abtropfen lassen.

Für den Skrei die Loins in sechs bis acht Stücke schneiden. Den Backofen auf 80 °C (Umluft) vorheizen. Eine Auflaufform oder einen großen Teller mit Olivenöl einstreichen, den Skrei gleichmäßig darauf verteilen und salzen. Dazwischen jeweils einen fingerbreiten Abstand lassen. Den Fisch komplett mit einem großen Stück Frischhaltefolie abdecken, dabei die Folie zwischen den Stücken festdrücken. Keine Sorge, 80 °C hält die Frischhaltefolie locker aus. Den Skrei 15 Minuten im vorgeheizten Ofen garen. Er sollte innen noch glasig sein.

Die Blutwurststrudel schräg aufschneiden und je eine Hälfte mit Rahmsauerkraut und Skrei anrichten.

OKTOPUS, SCHWARZE AIOLI & ROTES PAPRIKA-KETCHUP

mit knusprigen Kartoffeln

Acht Arme für ein Halleluja! Damit Oktopus schön zart statt zäh wird, braucht man übrigens gar keinen Korken (Korken! Google das mal ...), sondern einfach nur etwas Zeit. Denn der Krake muss bei ganz sanfter Hitze gegart werden.

ZUTATEN FÜR 4 PORTIONEN

Für den Oktopus
1 Bund Suppengrün
250 ml trockener Weißwein
3 Lorbeerblätter
4 EL natives Olivenöl
1 EL Meersalz
1 küchenfertiger Oktopus (ca. 1,5 kg)

Für das Paprika-Ketchup
500 g Paprikaschoten
25 ml milder Essig (z. B. Apfelessig)
2 EL Tomatenmark
125 g Zucker
1 TL Meersalz
1/2 TL Chipotle- oder anderes Chilipulver
Für die schwarze Aioli
1 Bio-Eigelb
1/2 TL Senf
2 TL Zitronensaft
Meersalz
100 ml neutrales Pflanzenöl
50 ml natives Olivenöl
3 Knoblauchzehen
12 g Sepia-Tinte

Für die knusprigen Kartoffeln
400 g Kartoffeln
1 EL Butterschmalz
Meersalz
Frisch gemahlener schwarzer Pfeffer

Außerdem
1 Handvoll Portulak, nach Belieben

Für den Oktopus Suppengrün putzen bzw. schälen und grob würfeln. Mit Weißwein, Lorbeer, 2 EL Olivenöl und Salz in einen Topf geben, den Oktopus darauflegen und mit kaltem Wasser aufgießen, bis er zu drei Vierteln bedeckt ist. Einen Deckel daraufsetzen und bei sanfter Hitze 1–1½ Stunden simmern lassen. Ob der Krake gar ist, überprüfst du mit einem Messer, das du in den dicken Bereich zwischen Kopf und Tentakeln steckst. Gleitet es wie Butter durch den Pulpo, ist er gar.

Den Oktopus etwas abkühlen lassen, dann aus dem Sud nehmen und gut abtropfen lassen. Mit einem scharfen Messer das Kauwerkzeug entfernen. Die Tentakel abtrennen, den Kopfbeutel in Streifen schneiden.

Während der Oktopus kocht, Paprika-Ketchup und schwarze Aioli zubereiten: Dazu die Paprika putzen, halbieren, von Samen und Scheidewänden befreien und grob würfeln. Mit den restlichen Zutaten in einen Topf geben und bei geringer Hitze ohne Deckel ca. 45 Minuten köcheln lassen. Dann pürieren und nochmals einkochen lassen, bis die Masse Ketchup-Konsistenz hat. Abkühlen lassen, dann in eine Spritzflasche füllen.

Für die schwarze Aioli Eigelb, Senf, 1 TL Zitronensaft und eine Prise Salz in einem hohen, schmalen Mixbecher verrühren. Beide Öle vorsichtig eingießen, den Pürierstab hineinhalten und langsam von unten nach oben ziehen, sodass die Mayonnaise emulgiert. Den Knoblauch schälen, pressen und gemeinsam mit der Sepia-Tinte zur Aioli geben. Mit Salz und Zitronensaft abschmecken.

Die Kartoffeln schälen und in Würfel mit 0,5 cm Kantenlänge schneiden. Butterschmalz in einer Pfanne erhitzen und die Kartoffelwürfel darin 8–10 Minuten knusprig braten. Mit Salz und Pfeffer würzen. 2 EL Olivenöl in einer zweiten Pfanne erhitzen und die Octopus-Stücke darin scharf anbraten.

Einen Klecks Aioli auf einen Teller setzen und mit einem Löffelrücken verstreichen. Kartoffelwürfel und Oktopus daraufsetzen. Mit Paprika-Ketchup- und Aioli-Tupfen sowie Portulak servieren.

Tipp: Sepia-Tinte bekommst du günstig und sauber in Sachets verpackt, beim Fischhändler.

SEHR SCHARFES THUNFISCH-PAPAYA-CURRY

„You better not order seafood curry." Der Besitzer des kleinen Thai-Restaurants in Bangkok lächelt uns freundlich an. „Too spicy. Thai spicy. Not farang spicy", fügt er hinzu, als er das große Fragezeichen in unseren Gesichtern sieht. Farang spicy heißt: nur so scharf, dass es Langnasen wie uns nicht die Schleimhäute wegbrennt. Thai spicy heißt ... nun ja ... das finden wir nur Minuten später heraus. Nur so viel: Dem Gatten treibt es nach fünf Löffeln Curry den Schweiß auf die Stirn, mir schon nach drei. Ich weiß nicht, ob ich jemals wieder so scharf gegessen habe ... Und jetzt hast du es selbst in der Hand: Wie scharf soll das Thunfisch-Papaya-Curry werden? Es liegt ganz bei dir.

ZUTATEN FÜR 3–4 PORTIONEN

600 g Thunfisch in Sashimi-Qualität
400 g Kirschtomaten
1 große, reife Papaya (am besten Flugware)
400 ml Kokosmilch
3 EL rote Panang-Currypaste
3 EL Fischsoße, plus etwas zusätzlich
5 Kaffir-Limettenblätter
1 Stängel Zitronengras, mit dem Messerrücken angequetscht
Saft von 1–2 Limetten
1 EL Palmzucker (alternativ: brauner Zucker)
2 EL gehackter Koriander

Den Thunfisch in 2 cm große Würfel schneiden.

Die Kirschtomaten in eine Schüssel geben und mit kochendem Wasser überbrühen. 15 Sekunden ziehen lassen, dann abgießen und in Eiswasser abschrecken. Jetzt lässt sich die Schale der Kirschtomaten ganz leicht abziehen.

Die Papaya halbieren und die Kerne mit einem Löffel herausschaben. Aus der einen Hälfte mit einem Kugelausstecher kleine Papayakugeln ausstechen. Das Fruchtfleisch der anderen Hälfte aus der Schale lösen und fein pürieren. Es sollten ca. 300 ml Papayapüree sein.

Kokosmilch und Currypaste in einen Topf geben und unter Rühren erhitzen, bis sich die Currypaste aufgelöst hat. Papayapüree, Fischsoße, Kaffir-Limettenblätter und Zitronengras zugeben, aufkochen und 10 Minuten bei geringer Hitze köcheln lassen. Dann Tomaten, Papayabällchen und Thunfisch zugeben und den Topf vom Herd nehmen. Der Thunfisch soll nur ganz leicht angaren, innen aber noch roh bleiben.

Kaffir-Limettenblätter und Zitronengras entfernen und das Curry mit Limettensaft, Zucker und etwas Fischsoße abschmecken. Mit Koriander bestreut servieren. Dazu passt Duftreis.

Tipp: Achte bei der Kokosmilch darauf, dass sie wirklich nur Kokosnuss und Wasser enthält. Emulgatoren und sonstige Zusätze sind nämlich überhaupt nicht nötig! Wenn sich der flüssige vom cremigen Teil der Kokosmilch trennt, ist das sogar von Vorteil: So wird in Thailand die Currypaste stets im cremigen, fettreichen Teil der Kokosmilch „angebraten" – und nie in Öl! Später wird dann mit dem flüssigen Teil der Kokosmilch aufgegossen.

GRATINIERTE MARKKNOCHEN

mit Chimichurri & Röstbrot

An Samstagen gab es zu Mittag bei uns früher oft eine kräftige Rindersuppe, entweder mit Leberknödeln, Grießklößchen oder Pfannkuchenstreifen. Mein Lieblingsmoment beim Suppekochen war aber immer schon eine Stunde früher gekommen: Es war der Moment, in dem Mama die Markknochen aus der Brühe fischte. Sie strich das Mark auf eine Scheibe frisches, knuspriges Bauernbrot und würzte es mit etwas Salz. Ein Stück für mich, eins für meine Schwester, eins für Mama.

ZUTATEN FÜR 4 PORTIONEN

Für die Markknochen
2 Markknochen vom Rind, vom Metzger längs in Hälften gesägt
Meersalz

Für die Chimichurri
30 g glatte Petersilie
1 Knoblauchzehe, geschält
½ Chilischote
3 EL natives Olivenöl
1 EL gerebelter Majoran
1 TL getrockneter Thymian
Saft und Abrieb von 1 Bio-Zitrone
1 Prise Zucker
Meersalz

Für das Röstbrot
4 dünne Scheiben Brot

Den Backofen auf 200 °C (Umluft) vorheizen. Die Knochen in eine Auflaufform setzen, das Mark mit Salz bestreuen und 25–30 Minuten im vorgeheizten Ofen gratinieren.

Für die Chimichurri die Petersilie waschen und trocken tupfen, dann fein hacken und mit den restlichen Zutaten im Mörser zu einer Paste verarbeiten. Mit Zucker und Salz abschmecken.

Für das Röstbrot die Brotscheiben in Rechtecke von ca. 3 x 10 cm schneiden und knusprig toasten oder in einer Pfanne ohne Fett anbräunen.

Die gratinierten Markknochen mit je einem guten TL Chimichurri toppen und mit Röstbrot servieren.

Tipp: Normalerweise werden Markknochen quer gesägt verkauft. Das hat den Nachteil, dass das köstliche Mark beim Braten ausläuft. Lass dir deshalb die Markknochen vom Metzger deines Vertrauens am besten längs sägen.

SCHWERTMUSCHELN „BORDELAISE“

Schwertmuschel, Stabmuschel, Rasiermessermuschel oder Razor Clam – man könnte meinen, man braucht ziemlich viel Mut, um sich dieser Meeresfrucht zu nähern. Stimmt aber gar nicht. Denn die Schwertmuschel kommt ganz sanft daher. Ihre Schale lässt sich easy-peasy aufbrechen. Und ihr Geschmack ist wunderbar mild-nussig und leicht süßlich. Wenn du also das Glück hast, im Herbst oder Winter frische Schwertmuscheln beim Fischhändler deines Vertrauens zu bekommen – greif zu, es lohnt sich!

ZUTATEN FÜR 4 PORTIONEN

24 Schwertmuscheln
2 Tomaten
2 Knoblauchzehen
1 Schalotte
70 g weiche Butter
1 EL gehackte Petersilie
1 EL gehacktes Basilikum
1 EL gehackter Estragon
60 g Semmelbrösel
1 TL Dijon-Senf
Abrieb von 1 Bio-Zitrone
Meersalz
frisch gemahlener schwarzer Pfeffer

Den Backofen auf 200 °C (Umluft) vorheizen.

Die Muscheln der Länge nach aufbrechen, dazu mit einem scharfen Messer einmal den Schlitz entlangfahren. Unter kaltem Wasser gründlich abspülen und auf ein mit Backpapier ausgelegtes Backblech setzen.

Die Tomaten kreuzförmig einschneiden und mit kochendem Wasser übergießen. Nach 30 Sekunden das Wasser abgießen und die Tomatenschale abziehen. Die Kerngehäuse entfernen und das Tomatenfleisch in sehr feine Würfel schneiden. Die Tomatenwürfel gleichmäßig auf den Muscheln verteilen.

Knoblauch und Schalotte schälen, dann sehr fein würfeln. 1 TL Butter in einer kleinen Pfanne erhitzen und beides 3 Minuten darin anschwitzen, ohne dass sie Farbe nehmen. Kurz abkühlen lassen.

Die Kräuter mit der restlichen Butter, Semmelbröseln, Senf, Zitronenabrieb und der Knoblauch-Schalotten-Mischung verrühren. Mit Salz abschmecken.

Die Bröselmasse gleichmäßig auf den Muscheln verteilen und die Muscheln 6–8 Minuten im vorgeheizten Ofen gratinieren. Vor dem Servieren mit Pfeffer bestreuen.

Tipp: Die Bröselmischung passt nicht nur toll zu den Schwertmuscheln, du kannst damit auch wunderbar Fischfilets, z. B. vom Kabeljau oder Seelachs, gratinieren.

KALBSBRIES

mit Kürbis-Espuma

Das Bries ist die Thymusdrüse vom Kalb. Sie wird nur zum Wachstum benötigt – und bildet sich beim ausgewachsenen Rind zurück. Was jetzt so nüchtern klingt, ist auf dem Teller unglaublich gut. Bries ist zart, schmeckt nussig und leicht süßlich. Du kannst es dünsten, schmoren, backen und braten. Ich mag es am liebsten mehliert und dann in Butter goldbraun gebraten. So harmoniert es auch wunderbar mit dem cremigen Espuma vom Hokkaido-Kürbis.

ZUTATEN FÜR 4 PORTIONEN

300 g Kalbsbries
Meersalz
500 g Hokkaido-Kürbis
30 g Butter
60 ml trockener Weißwein
100 ml Kalbsfond
200 ml Sahne
1 Spritzer Orangensaft
50 g Mehl

Außerdem
Sahnesiphon mit einer Patrone
frische Kräuter (z. B. Salbei oder Oregano), nach Belieben

Das Kalbsbries in einer großen Schüssel mit reichlich kaltem Wasser und einer guten Prise Salz 2 Stunden wässern. Herausnehmen und mit kochendem Wasser übergießen, dann 5 Minuten ziehen lassen. Das Kalbsbries aus dem Wasser nehmen, gut trocken tupfen, mit einem scharfen Messer die feinen Häutchen abziehen und das Bries in Stücke teilen, dabei blutige und knorpelige Stellen wegschneiden.

Den Kürbis waschen, halbieren und entkernen. Mit einem Sparschäler 4–6 dünne Scheiben abschälen und aufrollen. Den restlichen Kürbis würfeln und in 1 TL Butter anschwitzen. Mit dem Wein ablöschen und die Flüssigkeit nahezu vollständig verkochen lassen. Mit dem Kalbsfond aufgießen und 10 Minuten kochen lassen. Dann die Sahne angießen und alles um ein Drittel einkochen. Mit einer Prise Salz und einem Spritzer Orangensaft abschmecken. Anschließend pürieren, durch ein Sieb streichen und die Masse in einen Sahnesiphon füllen. Eine Patrone aufschrauben und kräftig schütteln. Ein Wasserbad vorbereiten und auf 70–75 °C bringen. Den Sahnesiphon bis zum Anrichten darin warm halten.

Das Kalbsbries salzen, in Mehl wenden und überschüssiges Mehl abklopfen. Die restliche Butter in einer Pfanne aufschäumen und das Kalbsbries darin goldbraun braten.

Zum Servieren den Kürbis-Espuma in eine Schüssel spritzen. Je ein Kürbisröllchen und das Kalbsbries daraufsetzen. Nach Belieben mit Kräutern dekorieren.

Tipp: Falls dein Bries keine sichtbaren Knorpel und Adern mehr hat und sehr, sehr frisch ist, kannst du auf das Wässern verzichten. Am besten bestellst du das Kalbsbries beim Metzger deines Vertrauens vor.

LACHS-SASHIMI

mit brauner Butter & Mandarinen-Ponzu

Für mich eine der besten Arten, Lachs zu genießen: als Sashimi mit warmer, nussig duftender brauner Butter und Ponzu. Diese klassisch japanische Soße besteht aus Sojasoße, dem Saft von Zitrusfrüchten, süßem Reiswein sowie Kombu-Alge und Bonitoflocken – die beiden Letzteren sind eine Art natürlicher Geschmacksverstärker und sorgen für den wunderbaren Umami-Geschmack der Soße. Und braune Butter? Nun ja, alles ist besser mit brauner Butter, oder?

ZUTATEN FÜR 4 PORTIONEN

Für den Lachs
75 g Butter
400 g Lachs-Loins ohne Haut in Sashimi-Qualität

Für die Ponzusoße
100 ml Sojasoße
70 ml Mandarinensaft
70 ml Limettensaft
30 ml Mirin
5 g Kombu-Alge, mit einem Tuch feucht abgewischt
3 g Katsuobushi (Bonitoflocken)

Außerdem
Shiso-Kresse, nach Belieben

Für die Ponzusoße alle Zutaten in einem Topf erhitzen und 10 Minuten ziehen lassen. Durch ein Sieb gießen und abkühlen lassen.

Die Butter in einem Topf erhitzen und so lange köcheln lassen, bis sie bräunt und nussig duftet. Durch ein feines Sieb oder einen Kaffeefilter gießen und warm halten.

Den Lachs in 0,5 cm dicke Scheiben schneiden, auf Tellern anrichten und mit der warmen braunen Butter übergießen. Dann jeden Teller mit der Ponzusoße beträufeln und nach Belieben mit Shiso-Kresse toppen. Die restliche Ponzusoße extra dazu reichen.

Tipp: Als Katsuobushi bezeichnet man Flocken vom getrockneten, geräucherten und fermentierten Thunfisch. Zusammen mit der Kombu-Alge sind sie auch essenzieller Bestandteil der japanischen Dashi-Brühe. Du bekommst Kombu und Katsuobushi im Asia-Shop oder online.

TATAR VOM RINDERHERZ

mit gebeiztem Eigelb, Senfcreme & knusprigen Kapern

Fass dir ein Herz! Genauer gesagt: ein Rinderherz. Dieses fettarme Muskelfleisch eignet sich nicht nur zum Braten und Schmoren – es ergibt auch ein ganz hervorragendes Tatar. Ich hacke es lieber mit dem Messer, als es durch den Fleischwolf zu drehen. Frisches Rinderherz kaufst du am besten beim Metzger deines Vertrauens.

ZUTATEN FÜR 4 PORTIONEN

Für das gebeizte Eigelb
150 g Meersalz
100 g weißer Zucker
Abrieb von ½ Bio-Zitrone
2 sehr frische Bio-Eigelb

Für das Tatar
400 g Rinderherz
½ rote Zwiebel
1 TL helle Shiro-Miso-Paste
1 TL Worcestershiresoße
1 TL Tabasco
1 TL Tomatenketchup
Meersalz
frisch gemörserter Langpfeffer

Für die Senfcreme
2 Eier
2 EL Dijon-Senf
1 EL helle Shiro-Miso-Paste
1 EL Olivenöl
100 g Schmand
1 TL Zucker
Meersalz

Für die knusprigen Kapern
30 g Kapern
100 ml Pflanzenöl

Außerdem
1 Handvoll roter Mangold oder Baby Leafs, nach Belieben

Für das gebeizte Eigelb Salz, Zucker und Zitronenabrieb mischen. Die Hälfte davon flach in einer Schüssel verteilen. Zwei Mulden hineindrücken. In jede Mulde ein Eigelb geben. Vorsichtig mit der restlichen Salz-Zucker-Mischung bedecken und 3–4 Tage im Kühlschrank beizen.

Den Backofen auf 65 °C (Umluft) vorheizen. Die Eigelbe aus dem Kühlschrank nehmen und vorsichtig von der Beize befreien. Trocken tupfen und im vorgeheizten Ofen 2 Stunden trocknen. Die getrockneten Eigelbe sind in einer luftdicht verschlossenen Dose im Kühlschrank ca. 4 Wochen haltbar.

Für das Tatar das Rinderherz von Fett und Adern befreien, dann sehr fein würfeln. Die Zwiebel schälen und ebenfalls sehr fein würfeln. Das Tatar mit den restlichen Zutaten mischen und mit Salz und Langpfeffer würzen.

Für die Senfcreme die Eier hart kochen, abschrecken, pellen und grob würfeln. Mit den restlichen Zutaten zu einer glatten Creme pürieren. Mit Zucker und eventuell noch etwas Salz abschmecken.

Für die knusprigen Kapern die Kapern unter fließendem Wasser abspülen, dann gut trocken tupfen. Das Öl in einer Pfanne erhitzen, die Kapern hineingeben und ca. 2 Minuten bei mittlerer Hitze schwimmend frittieren. Wenn sich die Knospen geöffnet haben, mit einer Schaumkelle aus dem Fett heben und auf Küchenpapier abtropfen lassen.

Zum Anrichten einen Klecks Senfcreme auf einen Teller setzen, ein Glas daraufdrücken und hochziehen – so entsteht ein verästeltes Muster. Das Tatar am besten in einem Dessertring überlappend auf der Senfcreme anrichten. Mit knusprigen Kapern bestreuen, etwas Eigelb darüberreiben und nach Belieben mit einigen Salatblättern dekorieren.

Tipp: Gebeiztes Eigelb ist eine echte Umami-Bombe. Gerieben schmeckt es auch wunderbar auf Pasta oder zu Spargel.

BLUE-CHEESE-EISCREME

mit Pekan-Crumble & beschwipster Birne

Es gibt Menschen, die mögen Süßes zum Dessert. Es gibt Leute, die mögen Käse zum Dessert. Und es gibt welche, die haben am liebsten – beides! Für solche ist dies hier der perfekte Nachtisch. Die Kombination aus Käse, Birne und Nüssen ist ja ohnehin ein Klassiker. Ich habe ihn einfach nur in eine andere Form gebracht: milder Blauschimmelkäse in einem cremigen Eis, dazu knuspriger Pekan-Crunch und Birnenkugeln, die in einem klitzekleinen Schuss Portwein gebadet haben.

ZUTATEN FÜR 4 PORTIONEN

Für die Blue-Cheese-Eiscreme
250 ml Milch
100 g Crème double
2 Eigelb
70 g Zucker
50 g Mascarpone
125 g Fourme d´Ambert (oder ein anderer milder Blauschimmelkäse)

Für die beschwipste Birne
2 Birnen
200 ml weißer Portwein
1 Sternanis
Zeste von 1 Bio-Zitrone (3 cm)

Für den Pekan-Crumble
25 g Pekannüsse, plus 8 Nüsse zum Anrichten
40 g Mehl
35 g brauner Zucker
25 g Butter
1 Prise Zimt

Außerdem
Parisienne-Löffel unterschiedlicher Größe (Kugelausstecher)
Kerbel oder Minze, nach Belieben

Für die Eiscreme Milch und Crème double in einem Topf erhitzen, bis die Mischung dampft. Eigelbe und Zucker in einer Schüssel aufschlagen, bis sich der Zucker gelöst hat. Die heiße Flüssigkeit unter ständigem Rühren zur Eigelb-Zucker-Masse gießen. Dann alles zurück in den Topf geben und bei schwacher Hitze unter ständigem Rühren auf 80 °C erhitzen, bis die Masse andickt (das nennt man „zur Rose abziehen"). Den Mascarpone unterrühren, dann den Blauschimmelkäse in die Eismasse krümeln und schmelzen lassen. Die Masse mit dem Pürierstab einmal durchmixen und mindestens 6 Stunden, am besten aber über Nacht in den Kühlschrank stellen. Anschließend in der Eismaschine nach Anweisung gefrieren lassen.

Für die beschwipste Birne die Birnen schälen und mit einem Parisienne-Löffel am besten unterschiedlich große Kugeln aus dem Fruchtfleisch ausstechen. Den Portwein mit Sternanis und Zitronenzeste erhitzen, aber nicht kochen. Die Birnenkugeln ca. 10 Minuten im heißen Sud pochieren, dann darin abkühlen lassen.

Für den Pekan-Crumble den Backofen auf 160 °C (Umluft) vorheizen. Die Pekannüsse mit einem scharfen Messer grob hacken. Mit den restlichen Zutaten zu Streuseln verkneten. Auf ein mit Backpapier ausgelegtes Backblech krümeln und 20 Minuten im vorgeheizten Ofen backen. Abkühlen lassen und fein zerbröseln.

Den Pekan-Crumble auf den Teller streuen. Die Birnenkugeln dazwischen verteilen. Eine Kugel Eis auf die Streusel setzen (sie verhindern, dass das Eis auf dem Teller herumrutscht). Mit den ganzen Pekannüssen und nach Belieben den Kräutern dekorieren.

Tipp: Wichtig ist, dass du für das Eis einen milden Blauschimmelkäse verwendest. Statt Fourme d´Ambert ginge auch Gorgonzola Dolce.

RHABARBER-ROTE-BETE-SORBET

Weil man ja nie genug Gemüse essen kann, kommt zu guter Letzt noch ein Gemüse-Dessert auf den Tisch. Rhabarber (ja, das ist auch ein Gemüse) und Rote Bete. Klingt komisch, schmeckt aber toll. Denn die erdige Rote Bete und die knackige Säure des Rhabarbers harmonieren mindestens so gut wie Bonnie und Clyde. Bist du mutig genug für diese beiden?

ZUTATEN FÜR 4 PORTIONEN

Für das Sorbet
75 g Zucker
300 ml Rhabarbernektar
150 ml Rote-Bete-Saft
1 Eiweiß

Für die Soße
200 ml Rhabarbernektar
50 ml Rote-Bete-Saft
1,5 g Agar-Agar

Für das Sorbet Zucker und 100 ml Wasser aufkochen, bis sich der Zucker gelöst hat. Den entstandenen Läuterzucker erkalten lassen. Mit Rhabarbernektar, Rote-Bete-Saft und Eiweiß mischen und die Sorbetmasse in der Eismaschine nach Anweisung gefrieren lassen.

Für die Soße Rhabarbernektar, Rote-Bete-Saft und Agar-Agar in einem Topf verrühren und 2 Minuten kochen. Abkühlen lassen, dann mit dem Pürierstab aufmixen.

Zum Anrichten einen Löffel Soße auf einen flachen Teller geben. Mit dem Löffelrücken in die Soße splashen. Eine Kugel Sorbet in die Mitte des Tellers setzen.

Tipp: Rote-Bete-Saft bekommst du in Bio-Qualität im Supermarkt. Achte beim Rhabarbernektar darauf, dass er nur Rhabarber, Zucker und Wasser enthält. Zitronen- oder Ascorbinsäure sind darin in meinen Augen höchst überflüssig.

WECK
BEL AIR

Ich koche gern mit Wein. Manchmal gebe ich ihn sogar ins Essen.

So verwendest du dieses Buch

Kochen ist Kreativität. Inspiration. Neugier. Die Rezepte in diesem Buch wollen daher kein starres Regelwerk sein. Nur weil ein Rezept aus drei Komponenten besteht, bedeutet das nicht, dass es nur dann schmeckt, wenn du alle diese Komponenten 1:1 zubereitest. Du kannst Teile weglassen. Oder austauschen. Oder sie mit deinen eigenen Ideen ergänzen. Wenn du eine Zutat nicht bekommst – kein Problem. Dann verwendest du eben etwas anderes. Sei mutig! Ich finde, Kochen soll Spaß machen. Und keine Raketenwissenschaft sein.

Damit die Rezepte für dich genauso gut funktionieren wie für mich, gebe ich dir ein paar Tipps:

Butter ist bei mir immer Weidebutter. Sie ist ernährungsphysiologisch wertvoller, denn Milch von Kühen, die überwiegend Gras gefressen haben, enthält doppelt so viele der wertvollen Omega-3-Fettsäuren wie Milch von Stallkühen, die hauptsächlich Kraftfutter bekommen.

Obwohl ich auf Weizen nicht kategorisch verzichte: Falls es im Rezept nicht anders vermerkt ist, ist Mehl bei mir immer fein ausgemahlenes Dinkelmehl. Du kannst es 1:1 wie Weizenmehl verwenden. In Teigen benötigt Dinkelmehl manchmal einen Hauch mehr Flüssigkeit. Und diese Teige neigen dazu, etwas stärker zu kleben als bei der Verwendung von Weizenmehl.

Eier sind bei mir immer Bio-Eier in Größe M. Da, wo die genaue Menge entscheidend ist (zum Beispiel bei Baiser), habe ich sie in Gramm angegeben.

Eis kannst du prinzipiell auch ohne Eismaschine zubereiten. Das Wichtigste, damit Eis oder Sorbet schön cremig wird: rühren, rühren, rühren. Je feiner du die Eiskristalle beim Rühren zerschlägst, desto cremiger wird das Ergebnis. Einfach die Eis- oder Sorbetmasse in eine flache Metallschüssel geben, in den Tiefkühler stellen und alle 30 Minuten kräftig mit dem Schneebesen durchrühren. Nach etwa 3 Stunden ist dein Eis fertig.

Öl ist – falls nicht anders angegeben – immer natives, kalt gepresstes Olivenöl. Hervorragendes Olivenöl ist nicht zum Schnäppchenpreis zu haben und nur wenige Supermarktöle sind in meinen Augen wirklich gut.

Kalt gepresstes Olivenöl hoch zu erhitzen, wäre reine Geldverschwendung – die wertvollen Inhaltsstoffe werden durch Hitze im besten Fall zerstört; im schlechtesten Fall bilden sich bei Temperaturen ab 180 °C gesundheitsschädliche Stoffe. Zum Braten verwende ich daher lieber Butterschmalz, Erdnussöl oder Ghee.

Salz ist bei mir immer Meersalz. Zum Würzen (nicht zum Kochen) verwende ich am liebsten Fleur de Sel oder Maldon Sea Salt Flakes. Meersalz würzt etwas weniger intensiv als Steinsalz. Verwendest du handelsübliches Streusalz, dann im Zweifelsfall einfach etwas sparsamer dosieren.

Schwarzen Pfeffer bitte immer frisch mahlen – er verliert sein Aroma schneller, als du das Wort „Aromaverlust" aussprechen kannst. Noch lieber als normalen schwarzen Pfeffer verwende ich Langpfeffer. Sein scharfes, warmes, leicht süßliches Aroma passt unglaublich gut zu Steak. Langpfeffer solltest du erst kurz vor dem Servieren frisch mörsern.

Zucker ist bei mir meist Roh-Rohrzucker. Gar nicht so sehr wegen des höheren Nährstoffgehaltes. Denn wenn wir mal ehrlich sind: Zucker ist in keiner Form geeignet, den Nährstoffbedarf des Körpers zu decken. Ich mag den malzig-karamelligen Geschmack von Roh-Rohrzucker einfach lieber als die pure Süße des normalen Haushaltszuckers. Für feine Baisers ist Letzterer allerdings die bessere Wahl. In asiatischen Gerichten liebe ich geriebenen oder gemörserten Palmzucker, den es blockweise im Asia-Shop zu kaufen gibt. Und zwar viel günstiger als den so gehypten Kokosblütenzucker, der auch nichts anderes als gemahlener Palmzucker ist.

Ich habe das unglaubliche Glück, in Hamburg zu wohnen, wo es eine Vielzahl von großartigen Wochenmärkten, Supermärkten, Fleischereien und Fischhändlern gibt. Doch zum Glück ist es mittlerweile auch in ländlicheren Gebieten kein Problem mehr, an ausgefallene Zutaten zu kommen: Es gibt mittlerweile unzählige tolle Online-Versandhändler, vom Fleischversender bis zum Asia-Shop, bei denen du alles bekommst, was das Herz begehrt – und das in bester Qualität.

Wo es möglich ist, bevorzuge ich regionale und saisonale Lebensmittel. Ich kaufe keinen Spargel aus Peru und keine Erdbeeren aus Südafrika. Gleichzeitig mache ich aus der Regionalität keine Religion. Und so findest du in diesem Buch Rezepte mit heimischem Grünkohl in trauter Eintracht mit Rezepten, in denen weit gereiste Papaya aus Thailand zum Einsatz kommt. Außerhalb der Saison finde ich Tiefkühl-Gemüse und -Früchte übrigens absolut akzeptabel. Achte einfach darauf, dass keinerlei Zusätze enthalten sind. Obst und Gemüse mit sehr hohem Wasseranteil eignen sich nicht sonderlich gut zum Einfrieren. So mag ich die Textur von aufgetauten Erdbeeren und Spargel zum Beispiel nicht wirklich, finde Erbsen, Bohnen und Beeren hingegen wunderbar.

Undogmatisch halte ich es auch mit Fleisch und Fisch. Lieber seltener genießen, dafür in allerbester Qualität, ist meine Devise. Dass ein Kilogramm unter Schutzatmosphäre verpacktes Discounterfleisch für drei neunundneunzig nicht von bester Qualität sein kann, dürfte sich eigentlich von selbst verstehen. Ebenso, dass ein Huhn nicht nur aus Brust besteht. Warum also nur Hühnerbrust essen und den Rest des Tieres links liegen lassen? Wie wäre es stattdessen, mehr sogenannte B, C und D Cuts zuzubereiten? Ein Filet ist teuer – und in den meisten Fällen geschmacklich eher langweilig. Andere Cuts sind so viel geschmackvoller – und günstiger! Warum nicht mal einen gezupften Ochsenschwanz zubereiten? Es ist mittlerweile ein alter Hut: Wenn wir uns schon dafür entscheiden, aus einem Tier ein Lebensmittel zu machen – dann sollten wir doch bitte nicht die Arroganz besitzen, nur die vermeintlich besten Teile davon zuzubereiten. In diesem Sinne: Esst mehr Ochsenschwänze. Mehr Flanksteaks. Mehr Beinscheiben.

Nicht viel anders verhält es sich beim Gemüse. Wir schneiden und schmeißen so vieles weg, was sich eigentlich ganz wunderbar zum Essen eignen würde. Blumenkohlblätter zum Beispiel. Aus denen kann man mit einer Handvoll Haselnüssen und etwas Pecorino ein ganz wunderbares Pesto zubereiten. Oder das scharf-würzige Radieschengrün. Es schmeckt großartig als schneller Salat mit ein paar Apfelwürfeln, Apfelessig und etwas Kürbiskernöl. Abschnitte von Karotten, Sellerie, Lauch und Zwiebeln landen bei mir mit Wasser in einem Topf und werden zu Gemüsebrühe. Brühen und Fonds jeglicher Art friere ich gerne ein, am besten in Eiswürfelbehältern. So habe ich sie immer in handlicher Form parat.

Und zu guter Letzt: die Sache mit den Portionen. Die sind immer als grober Richtwert zu verstehen. Hast du viele hungrige Esser am Tisch? Ist ein Gericht Teil eines mehrgängigen Menüs? Grundsätzlich gilt bei mir: Lieber zu viel gekocht als zu wenig. Denn ist es nicht fürchterlich, wenn am Ende des Essens noch Hunger übrig ist?

Meine Küchengeräte

Meine Oma sagte immer: „Zum Kochen brauchst du nur ein Messer, einen Topf und einen Herd." Recht hatte sie! Dennoch gibt es ein paar Küchenhelfer, die dir bei einigen Rezepten in diesem Buch hilfreich zur Seite stehen können:

Hochleistungsmixer: Nicht nur toll zum Mixen von Smoothies, sondern vor allem auch zum Mixen von Gewürzölen, Suppen oder feinen Gemüsepürees. Alternativ einfach einen Pürierstab, Universalzerkleinerer oder einen normalen Mixer verwenden und das Püree anschließend durch ein feines Sieb streichen.

Küchenmaschine mit Rührbesen: Zum Aufschlagen von Cremes, feinen Baisermassen und: Kartoffelbrei! So fluffig wird der mit dem Kartoffelstampfer nie.

Küchenmaschine mit Knethaken: Für schwere Teige, zum Beispiel Hefe-, Brot- und Nudelteige.

Sahnesiphon: Nicht nur für Sahne, sondern vor allem für Espumas, also Schäume, fluffige Soßen und aufgeschlagene Cremesuppen.

Eismaschine: Gibt es mit Kompressor – dann ist sie ziemlich laut und groß, hat aber den Vorteil, dass du jederzeit auch mehrere Sorten Eis hintereinander zubereiten kannst. Oder als doppelwandige Schüssel, die du im Gefrierfach vorkühlst. Letztere hat mir jahrelang gute Dienste geleistet und ist perfekt für alle, die die eiskalte Leckerei nur ab und an zubereiten möchten.

Ofen: Jeder ist anders, das ist leider so. Deshalb kann es manchmal sein, dass die angegebene Temperatur für deinen Ofen etwas angepasst werden muss. Faustregel: Lieber runter mit der Temperatur und dafür etwas länger backen. Schmorgerichten ist es bei Temperaturen von ca. 150 °C sowieso egal, ob sie 20 Minuten länger im Ofen sind. Wenn nicht anders angegeben, gelten die Ofentemperaturen immer für Ober-/Unterhitze. Mit Umluft trocknet das Gargut eher aus. Was bei Baisers ideal ist und bei abgedeckten Schmortöpfen nicht weiter stört. Kuchen und Brot hingegen backe ich lieber mit Ober-/Unterhitze.

REGISTER

A

B

C

D

E

F

S

T

V

Z

Dankeschön. Von Herzen.

So ein Buch schreibt sich weder von selbst noch allein. Und so danke ich von Herzen den vielen Menschen, die mich auf dem Weg dorthin begleitet haben. Die mich bestärkt, unterstützt und die Shooting-Teller leer gegessen haben:

Meinem großartigen Ehemann Jan Gauger, der das Abenteuer Buch und mich im Ausnahmezustand mit einer Engelsgeduld ertragen hat. Ich liebe dich.

Meiner Familie, die immer für mich da ist. Für die ich aber viel zu selten kochen darf.

Meiner Mama, die mir die Freude am Kochen in einer Zeit mitgegeben hat, als ich noch gar keine Freude am Kochen hatte. Und für deren Sauerbraten ich heute noch alles stehen und liegen lasse.

Betty Oma, deren Hefeteige die fluffigsten und besten der ganzen Welt waren. Ich vermisse dich.

Sophie Schwaiger, die mir die E-Mail mit dem Betreff „Möchtest du ein Buch schreiben?“ ins Postfach schickte. Eine E-Mail, die den Anfang einer wahnsinnig aufregenden Zeit markierte – und die ich beinahe als Spam gelöscht hätte. Merke: Nie leichtfertig eine E-Mail löschen!

Gesa Sander, die fabelhafte Art Direktorin, die meine Texte und Bilder in das wunderbarste Buch verwandelt hat.

Dem Hölker Verlag, ganz besonders Angela Vornefeld, Franziska Grünewald und Dagmar Becker-Göthel.

Uwe Spitzmüller, Lieblingsblogger von Highfoodality.com, guter Freund und kulinarischer Ratgeber in allen Lebens- und Geschmackslagen.

Stevan Paul, bewunderter Kochbuchautor, der mich bestärkt hat, das Abenteuer zu wagen.

Claudia Lobenberg, Champagner-Freundin, Weinkennerin und beste Testesserin von Welt.

André Klein, bester Freund, ehemaliger Chef und heutiger Geschäftspartner. Für alles. Weißt du eh.

Allen Gästen, für die ich in den letzten Jahren kochen durfte, vor allem meiner Herzensrunde.

Den wunderbaren Blogleserinnen (viele) und -lesern (wenige), für die ich in den letzten Jahren schreiben durfte. Ich danke euch für eure Treue, euer leises Mitlesen und lautes Kommentieren. Ohne euch hätte es dieses Buch nie gegeben.

Über die Autorin

Conny Wagner ist Hamburgerin mit fränkischen Wurzeln und rollendem R. Die gelernte Werbetexterin hat nach ihrem Studium an der Berliner Hochschule der Künste viele Jahre als Executive Creative Director in renommierten Hamburger Werbeagenturen gearbeitet, heute ist sie Mit-Inhaberin und Geschäftsführerin ihrer eigenen Agentur Saint Brand. Die gebürtige Nürnbergerin ist fest überzeugt davon, dass Menschen, die gern genießen, die angenehmeren Menschen sind. Seit 2013 bloggt sie auf seelenschmeichelei.de über wunderbare Sachen, die Auge und Gaumen Freude machen. Sie hat ein Faible für gereifte Rieslinge, ferne Länder, lange Abende mit Freunden, ein ehrliches Stück Brot mit guter Butter, das Scheppern von Containern im Hamburger Hafen und den Elbstrand ihrer Wahlheimat.

Impressum

MIX
Aus verantwortungsvollen Quellen
FSC® C022120

5 4 3 2 1   23 22 21 20 19
978-3-88117-181-6

in der Coppenrath Verlag GmbH & Co. KG
Hafenweg 30, 48155 Münster, Germany

www.hoelker-verlag.de
Rezepte, Reise- und Foodfotografie: Conny Wagner
People Fotografie: Sonja Schäfer (Seite 4, 7, 34, 115, 118, 175)
Cover Entwurf: Conny Wagner
Gestaltung und Satz: Gesa Sander
Lektorat: Julia Bauer
Redaktion: Franziska Grünewald
Litho: FSM Premedia, Münster